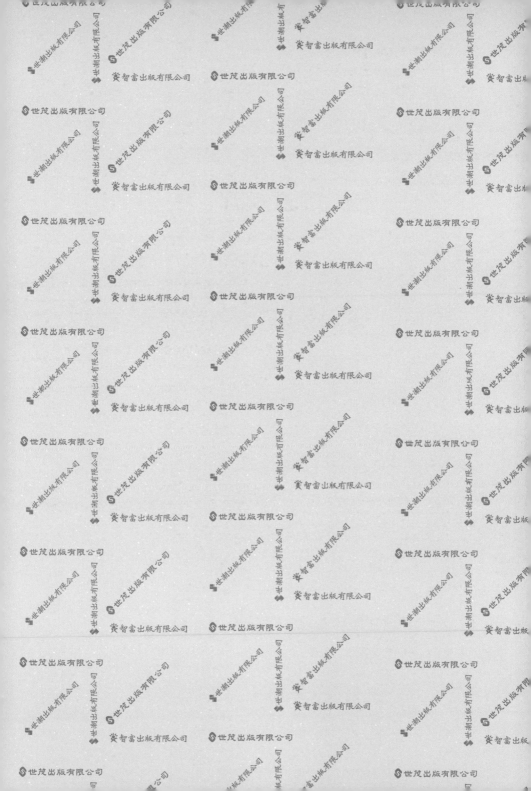

日本創客營業所代表
水平思考講座人氣講師
木村尚義 著
楊詠婷 譯

ずるい考え方

這樣思考，才能賺到錢

前言

狡滑。

看到這個詞，你心中浮現的是什麼樣的印象呢？

作弊？

不遵守規定？

還是，可以獨吞好處？

的確，「狡滑」這個詞，一般不會給人什麼好印象。

如果被說成是「狡滑的人」，我想是不會有任何人感到高興吧？

因為它多少帶著些許貶低的意味。

然而，「狡滑」一詞其實也是有各種的意思。

有的「狡滑」是欺騙欺瞞、會遭到眾人指責的；有的「狡滑」，卻是超乎想像、讓眾人為之嫉羨的。

不是會受到他人責難的「狡滑」，而是能夠超越眾人的「狡滑」。

這本書要告訴大家的，就是後者。

譬如說……

某個人毛遂自薦，想要擔任聯誼活動的總務。總務的工作因為要負責收錢，非常麻煩且瑣碎，所以誰都不想做。那位志願者當然理所當然地獲得大家一致的支持贊成。結果，他用自己的信用卡支付所有的款項，賺到了紅利點數。

另一個人，在超市結帳時，事先將大型環保袋遞給了店員，要店員刷完條碼後，直接將商品放進袋子裡。這麼做，他省去了待會自己要裝袋的功夫，結完帳馬上就能離開。

還有這樣的例子。

每年新春特賣百貨公司都會推出「福袋」商品。為了搶購到限量的福袋，在百貨公司還沒開門營業之前，大門口便已經排了長長的人龍。說實在，要在寒風中等待百貨公司開門營業，實在是件辛苦的事。

於是，有人靈機一動嗅到了商機，想出了代為排隊的「福袋代購服務」。
這麼一來，只要花點時間排個隊，就能讓自己賺到錢。

如何？
這麼做很「狡滑」吧？
這些都是我們平常想不出來的點子。

那麼，現在，你的眼前出現了某個「問題」。
你必須要想辦法去解決它。
當然，你可以慢慢地花時間，安安穩穩地把它解決。
也可以換個方式，改變一下想法，讓自己輕鬆地解決問題。
但是，就像「哥倫布的蛋」（註）一樣，如果你能發掘出一個任誰都做得到、但誰都想不到的方法的話?!

※註：義大利諺語，意指「很多事情雖然看似簡單，然而真正能有辦法達成的，只有具備開創能力與勇氣的人」。

那些實踐「狡滑思考法」的人，或許早已不用再規矩地排著冗長的隊伍，而且是能夠比其他人更快取得所謂「成功」的果實。

這個時候，困在常識的思考框架當中，只能獲得到普通成果的人，只能暗自悔恨。

「為什麼我沒有能更早發現呢？」

「明明這我也做得到啊！」

「早知道我也這麼做了……」

「狡滑思考法」就是這麼具有吸引力，以及不可思議的魅力。

這樣的思考法，你想不想更加深入了解呢？

・不拘泥於常識、能讓創意海闊天空的思考法。

・能用最短途徑解決問題的思考法。

・不需花費金錢與時間，就能達成目標的思考法。

世上真的有這樣的「思考法」嗎？

有的！

那就是本書要介紹的所謂「水平思考法」。

但是，這個水平思考法，並不是用來欺瞞詐騙、進行不當手段的方法。

而是一種超乎想像、既嶄新又具劃時代性，能更迅速解決問題的方法。

它能讓周遭的人大嘆「自己為什麼沒能早一點發現呢」，同時搥胸頓足地大喊「好狡滑！」的思考法。

那麼，就讓我們一起踏上「狡滑思考法」的學習之旅吧！

木村尚義

目錄

第1章　歡迎來到水平思考的世界

第2章

「水平思考」所需要的三種能力

第3章

用最小的力氣，獲得最大成果

第4章

利用對手的力量

第5章

異質組合

第6章

掌握先機的先機

第7章 不丟棄「無用之物」

第8章 由負變正

第9章 鍛鍊你的水平思考力！

COLUMN 水平思考力的練習

第1章

歡迎來到水平思考的世界

雖然有些唐突，不過一開始，請大家先來回答一個問題。

假設你正要回家，經過車站前，看到一輛小貨車停在那裡，販賣著產地直送的橘子。

你想買來送人好了，便買了兩小籃的橘子。

回到家後，剛好有三個親戚家的小孩到家裡玩。

你想把買來的橘子分給他們，於是數了數，一共有十三顆橘子。

為了不至分配不均而讓他們發生爭執，必須要把這十三顆橘子公平地分給三個小孩才可以。那麼，應該要怎麼分呢？

請先把書合起來，然後思考一下。

如何呢？

想到解決的方法了嗎？

咦？你希望我告訴你答案？

唉呀，先別這麼急嘛。

待會兒，我會慢慢地告訴你……。

13
?

「水平思考」是什麼樣的思考法？

拓展思考界限的方法

就像在「前言」中所述，本書的目的是介紹所謂的「水平思考法」（Lateral Thinking）。但是，如果你問我說「那是什麼樣的思考法」，即使是已經舉辦過多場「水平思考法」相關講座的我，也不知該如何回答。因為，它實在很難用簡單的一句話來解釋。

依照一般的解釋，它是由英國心理學家愛德華．戴勃諾博士（Dr Edward De Bono）於一九六七年所提倡的思考法，是一種「不受任何前提條件所限制的自由思考法」。更進一步地說，它還是一種可以「拓展思考界限的方法」。只是，這樣的說明還是十分地含糊不清。

為了讓大家有更清楚的概念，我們先來說明一下關於所謂「邏輯思考」這個方法。

循序漸進的邏輯思考、靈活跳脫的水平思考

所謂邏輯思考，就是「理性的思考」。也就是按照A↓B↓C這樣循序漸進的方式，找出事物的因果關係，最後再得出正確答案的思維模式。

因此，邏輯思考最注重的就是每一步思考的正確銜接。如果當中有某個地方的推理出錯，就無法得到正確的答案。

為了得以從常識及經驗中引導出適切的「正確答案」，就必須深入地探討「邏輯」。因此邏輯思考也被稱為是「垂直思考」（Vertical

Thinking）。

但是，對水平思考來說，尋求解決方案的順序與過程，並不是那麼重要。因此，也就沒有要找出因果關係，然後再去思考問題的必要。換句話說，就算是直接從起點跳到解答也ＯＫ。

水平思考沒有「唯一的正確答案」

水平思考和邏輯思考不同，它並沒有「唯一的正確答案」。水平思考（Lateral Thinking）的「Lateral」，之所以被譯為「水平」一詞，就是因為它和邏輯思考不同，是朝著水平面方向拓展思考的視野及角度的思考法。

當思考的視野及角度擴大時，各式各樣的選項便會自然出現，每個能解決問題的選項，都會是正確的答案。

因此，對於水平思考來說，答案越多越好；而且，對每個答案也會抱持著「也是有那樣的答案」的寬廣心態去接納。

另外，在尋找答案的過程中，常識性思考可以說是最有沒必要存在的東西。

不僅如此，還要丟掉所有的「應該是～」「當然是～」的想法，讓思考越天馬行空越好，並且更不能放過各種各樣的可能性。

像這樣和邏輯思考方式比較之後，相信大家對於水平思考會有更為具體的了解與概念。

簡單地說，在解決問題時，邏輯思考重視的是「過程」，而水平思考重視的則是「結果」。

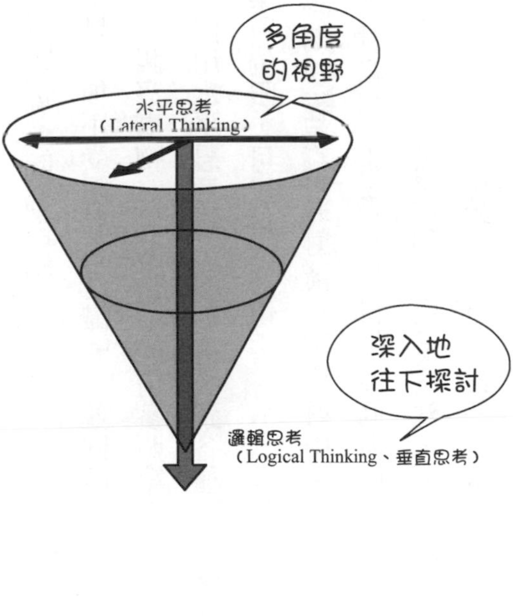

	水平思考	邏輯思考
目的	拓展思考的面向	依因果關係推論答案
思考的方向性	平面思考。擴展思考的可能性；匯集問題的相關要素；傾向問題本質的思考	垂直思考。對一個想法做深入分析；將問題分類、整理；傾向將問題具體化
解答	沒有唯一的正確答案，有複數解答	基本上只有一個答案
思考法	自由奔放；重視直覺；不受既定框架侷限	依常識及經驗思考；重視理論；侷限在既定框架之中

當然，水平思考的特徵不僅止於此。還有以下這些部分。

特徵① 擺脫預設立場，回歸自由

水平思考法是一種不受限於「常識」，並同時努力從各種角度去觀察事物的思考法（詳情參照第2章）。因此，使用水平思考法，便不會受到各種預設立場及框架所侷限，可以自由地思考。

我在高中時期曾經學習過射箭。想要射中標靶，就必須從嘗試錯誤中學習，慢慢地提高命中率。這個作業過程可以說就是邏輯思考的方法。而水平思考則著重在「射中標靶」的這個行為的本質，因此想怎麼做都可以。

想要提升命中率的話，像是把標靶變大，或是使用大型的箭等等即可。

更誇張一點，還可以乾脆走到標靶前面，直接把箭插在上頭，反正只要「射中標靶」就行了。

甚至直接質疑說「為什麼非得射中標靶不可」的問題……。

或許有人會說：「這樣一來，比賽要如何才能進行下去啊？」

是啊，所以射箭比賽是不可能認同這些方式的。

這裡只是要提醒各位，有時候質疑一件普遍被視為理所當然的事，也有可能會成為瞬間解決問題的突破口。

特徵② 創造出前所未有的東西

由於水平思考事先顛覆了既定的預

設立場，因此很容易發展出全新的創意。

這個部分會在第3章有更詳細的敘述。不過，這種將異質的東西加以組合，巔覆既有價值觀再創造出全新事物的結果，本來就是水平思考的特性。

因此，在需要發明或開發的時候，水平思考就具有非常大的可發揮空間。

特徵③ 以最短捷徑解決問題

水平思考認為，只要能夠解決問題，可以不擇一切手段（當然是在不違反法律及道德的情況下）。

例如，大阪分公司發生問題，必須立刻從東京總公司趕過去處理。

這時，如果依邏輯思考的方法，就是立刻去查新幹線的時刻表，找出能最快接駁的方式。但如果是採用水平思考，可能就會選擇以直接搭直昇機的方式趕過去。

當思考不受常識的限制，就能發現前所未有的捷徑，令人為之驚嘆的絕招。就結果論來說，就是容易找出解決問題的「最短捷徑」。

特徵④ 可節省金錢、時間及心力

同樣以結果論來說，有時水平思考法可以大幅節省金錢、時間及心力。

這裡舉一個例子來說明！那是發生在一九七〇年，日本大阪萬國博覽會的事情。主辦單位在當時正為了「某個問題」所困擾。

當時，大阪萬博會可以說是轟動全日本的一項大型國際活動，許多希望能早點入場的觀眾，早就擠在入口處等待了。

入場時間一到，閘門打開，等待的人群馬上朝著人氣展館衝過去。但相對於現場人數，入口閘門的空間卻顯得太過狹窄，一旦慌亂的人群開始推擠，很可能就會發生意外。任憑現場維持秩序的保全人員怎麼大喊「請大家不要奔跑！」都沒人理會。再這麼下去，隨時都有可能會發生意外。

那麼，為了維護入場觀眾的安全，要怎麼解決這個問題呢？請從保全人員的角度去思考。如果是以邏輯思考方式的話——

- 增加保全人員
- 擴大入口閘門
- 設置限制入場人數的柵欄

……大概就是以上這些方法了。

但是，這個問題最後的解決方案卻全然不同。問題點在於，最重要的是，只要讓入場觀眾不要奔跑就可以了。主辦單位發給每一位等待入場的觀眾，一張小小的萬博會導覽地圖。為了要好好研究一下地圖上的文字說明，據說入場之後急著往裡面衝的民眾大幅減少了。

這就是水平思考想出來的解決方案。

如果採用了擴大入口閘門的方案，不但費時費工，還浪費金錢。但是，如果只是多發一張紙，負擔便可以立刻大幅減少。

水平思考就具有這樣的效果。

邏輯思考與水平思考是互補關係

為了不致於讓各位產生誤解，在這裡我要強調的是，水平思考與邏輯思考絕不是對立的兩種方法。此外，在解決問題時，也不是非得從其中選擇一種來使用不可。就算運用水平思考來發想，也不代表邏輯思考就完全無用武之地。

採用水平思考發想時，你會獲得許多選項。而每一個選項是否能在現實中加以執行，在執行上會不會產生什麼問題，這就需要依靠邏輯思考來判斷了。

原因就在於，雖然有很多可以選擇，但最後能執行的還是只有一個而已。

因此，最好的思考順序，就是先利用水平思考進行發想；當進入到下個階段時，再運用邏輯思考加以檢視。

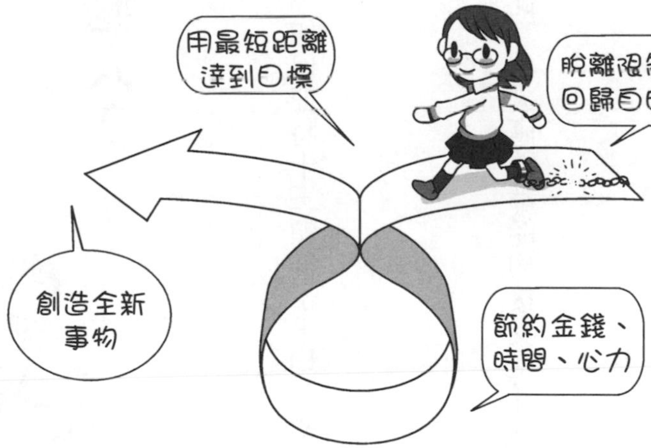
脫離限制，回歸自由

如何把十三顆橘子分給三個人？

大家還記得一開始出的那道題目嗎？就是「如何把將十三顆橘子平均分給三個小孩？」接著，我們就來看看它的解答吧！

方法① 每人分四顆，剩下的再分成三等分

這個方法可以讓大家分到相同的數量，因此三個人應該都能夠接受這樣的分法。剩下的一顆，再用水果刀分成三等分就可以了。

我想，這大概是最多人想到的方法吧。

方法② 使用磅秤量，以重量分配

由於橘子不是固定規格的工業產品，因此每顆大小不一。如果單純只依數量分配，仔細想想似乎有些不太公平。

因此，為了避免因大小差異所造成的分配不均，每個人都用重量來做分配，不足的部分再用最後那一顆來做調整。這也算是不錯的解決辦法。

方法①及方法②，都是屬於邏輯思考的發想。朝著「公平分配」的目標，按照理論一步步推論出的解決方法。但是，這兩種方法都不是完全沒問題的。

在方法①中，要將一顆橘子平均分成三等分，其實有它的困難。即使再怎麼小心、慎重地分，也可能會產生「那邊的那塊比較大，不公平」的抱怨。

而方法②呢，由於每顆橘子風味都不同，只依重

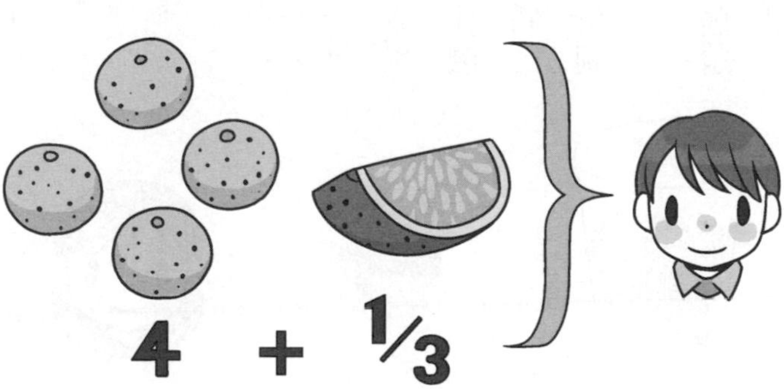

量來進行分配的話，也很難說可以是做到完全公平。搞不好其中一個小孩會哭著抗議：「怎麼只有我的橘子是酸的！」所以，在這裡我要介紹另一個方法。那就是水平思考法。

方法③　榨成果汁均分

這樣就完全公平了吧？一聽到「將橘子分給三個人」，我們就會反射性地用原本的實物去思考分配方法。但是，明明問題裡並沒有附加「不能加工」的條件。因此，「榨成果汁均分」就成了一個很棒的解決方式。或許你會想：「什麼嘛？就這樣哦！」但是，從這個例子當中，可以看到我們自己如何制約了自我的思考，同時又是如何強烈地受到那份制約的束縛。

那麼，這個方法到底是誰想出來的呢？其實，是一個還沒上小學的孩子。孩子們經常可以簡單地擺脫「預設立場」及「常識」，無拘無束地自由思考。但大人可就沒有那麼容

易穿越那道牆，往往都會被既定的觀念給侷限，無法更柔軟地去思考。孩子們想出的有趣方案，還不止這一個。

方法④ 把橘子拿去種

把多出來的橘子拿去種，等它長出更多的橘子時，再平均分給三個人。真是非常有「投資頭腦」的想法。因為這個答案實在太精采了，一問之下，才知道他是從剛讀到的《猴子與螃蟹大戰》一書中獲得的靈感。

這也是必須不受「一定要現場分配」的想法所限，才能想得到的方法。

當然，那三個孩子有沒有耐心等到橘子長大結果，就不在考慮之列了……。

為什麼需要「水平思考力」？

學校教育著重邏輯思考

如前文所述，水平思考和邏輯思考不同，它並沒有「唯一的正確答案」。

因此，從水平思考的角度來看，沒有一個答案是錯誤的。

只不過，因為我們平常已經被「養成」了，選擇一個最佳解答的習慣。

為什麼會這樣呢？

因為，學校的教育教給我們的就是「邏輯思考」。

在考試時，只能尋求一個正確的解答。

如果出了一個「如何把十三顆橘子分給三個人？」的題目，我想，答案不是方法①就是方法②吧。

「榨成果汁後，分給三人。」

「把多出來的橘子拿去種，採收後再平均分配。」

像以上這兩個解答，在學校的數學教育中，都會被歸為不正確的答案。

不只是在學校。

在職場裡，我們也經常被要求要多方考慮，再從中找出一個最好的方案，而且必須儘可能地在最短時間內做出判斷。

近來，各個電視節目報導也開始強調要簡單易懂，盡量將資訊簡化再播放。原本應該存在多數意見及看法的社會問題，開始簡化成A或B等，用簡單構圖表現的傾向。

這恐怕也是受到必須找出一個正確答案的思考模式所影響。

由於每天都被這樣的觀念洗腦，於是我們最後就會習慣於「沒有多元解答」的思考方式了。

我們姑且將此稱為「單一解答症候群」吧！

太強調邏輯，只會綁手綁腳

我們的社會之所以會受到邏輯思考的控制，在某種意義的層面上是理所當然的，同時也是無可奈何的事。

如果正確答案可以有好幾個，或所採用的意見太過於跳躍式，所有的事情就會窒礙難行。

事情如果不依邏輯思考的方式來進行，世界就會陷入一片混亂。

但是反過來說，如果思考方式完全偏向邏輯式的思考，同樣也是一個很嚴重的問題。

至少我是這麼認為。

前文當中，我將否定多元解答的思考模式，稱為「單一解答症候群」。

這種症狀一旦變得嚴重的話，會發生什麼事呢？

創意會變得貧乏，靈感也會越來越少。

不僅如此，當我們為了找到一個沒有風險的安全解答，想法和思考都將會變得更加僵化。

更嚴重的是，人們會變得固執己見，完全否定其他的看法。明明可以互相包容，卻變得除了一種思考方式之外，其餘的都被排除在外。

「正確答案只有一個，其他都是錯的。」這不是一種自我設限，且又極端排他的想法嗎？

前面也曾經說過，水平思考和邏輯思考並不是對立的思考方式，而是在考量事物時，最好能巧妙地取得平衡的兩種思考方法。

是什麼剝奪了我們的思考機會？

在這個世界上，存在著許許多多會加以剝奪我們思考的「陷阱」。

例如說，「規則」。

一旦規則定好了，我們在執行時，就不需要再做思考及判斷，一切只要按照規則來就可以了。

這也就是為什麼有「工作守則」或「訓練手冊」的工作，會如此簡單的緣故。

另外，既定觀念也是剝奪我們思考的障礙之一。

既定觀念，就是常識、刻板印象或偏見等定型化的思考。

其中以「常識」最為棘手。

所謂常識，就是絕大多數的人都認為是「正確」的共通觀念。只要依照常識來做判斷，一般來說都能拿到「及格」的分數。

除非遇到特殊的狀況，否則只要按照常識來做思考，就不會遭到責難。也因此，我們會變得太過依賴常識，以至於放棄了「自我思考」的機會。

的確，思考是一件很辛苦的事。人類的本性原本就好逸惡勞，只要有機會就想偷懶。

如果可以不用思考，誰都會毫不猶豫地選擇輕鬆的方式。以此推論，規則及既定觀念就成了非常「方便」的工具了。

只不過，方便歸方便，還是會有不好的一面。那就是一旦要創造新的事物，就會完全無法提供協助。

規則及常識都是由「既有事物」所構成，在新的事物面前，它們根本無用武之地。

因此，當我們要發展全新的事物時，只能像身處濃霧之中，一邊摸索一邊小心地前進。

這個時候唯一能幫助我們的，就是不要受到常識的侷限、能夠提供更多選項的水平思考法了。

因應所有變化的思考法

在現今科技時代，一切可說是瞬息萬變。

以ＩＴ（科技資訊）業界為例，其技術上的創新速度令人驚訝。他們一年的進步，幾乎等同於其他業界七年的成果。

在這樣的環境下，今天仍屬「常識」的事物，到了明天可能就變成了「非常識」，這一點也不稀奇。這麼一來，依照常識判斷的邏輯思考，就很難應付得了這樣的變化了。因為一旦原本的「常識」遭到了推翻，所有的東西就必須按照邏輯，從零開始重新加以組合。

從這一點來看，一開始就不受常識束縛的水平思考，將更能夠有彈性地針對變化做出因應。

瞬息萬變的環境，也代表了眾多的機會。在這樣的情況之下，若還是要固守著老舊的觀念，跳脫不出既定的框框，那麼就會實在浪費大好的時機。只要能提早發現變化、盡快做出因應，就能比其他人更快領先一步。

你覺得如何呢？

這是不是一件令人感到愉快的事呢？

隱藏在我們身邊的「水平思考力」

水平思考力並不是什麼特別的東西，它在我們日常生活中隨處可見。我們身邊很多常見或是經常使用的東西，其實都是來自於水平思考的創意，而且還令人意外的多。現在，就來為大家介紹幾個例子！

①自動驗票機——解決「計算太花時間」的問題

現在在世界各國的大都會區，只要有一張ＩＣ卡，幾乎都可以暢通無阻地運用電車、鐵路或公車等大眾交通工具。

搭乘時不需要再準備零錢，對使用者來說非常方便。

但是，在方便的背後，系統的開發團隊卻有許多不為人知的辛酸。這是我從一位負責開發自動驗票機的朋友那裡聽來的。

由於各種交通系統的整合，讓大眾運輸變得更加便利，但隨之而來的「某個問題」，卻讓自動驗票機的開發團隊非常煩惱。那就是驗票機在計算運費時所花的「時間」。

不管如何，只要處理因轉搭不同交通系統而變得複雜的運費，驗票機的計算時間就會變長。

由於驗票機的電腦功能有限，因此沒有辦法在瞬間提高計算速度。

但是，要是在驗票機計算完之前都不開閘門進出的話，人流就會卡在那裡，動彈不得。如果運用邏輯思考，想出的辦法大概不

外乎是提高電腦的處理速度，就是增加自動驗票機的設置吧！

但是，其實還有另一種方法。那麼，最後到底是怎麼樣獲得解決的呢？

那就是——**將驗票機拉長**。這就是問題的解決方案。

簡單來說，就是趁著乘客通過變長的驗票機時，利用這多出來的時間進行運算。大家有沒有注意到，在轉換時，「自動驗票機好像變長了」呢？

那個變長的驗票機背後，隱藏的是開發團隊的水平思考力。

②電梯——解決搭乘時「按不到樓層鈕」的問題

通常我們在搭電梯時，都是進入電梯後才會按下要去的樓層鈕。

沒什麼人的時候當然沒問題，但電梯客滿時就麻煩了。

你應該經常看到許多人用困難的姿勢，伸長手去按樓層鈕吧？

有時也會聽到被擠到最裡面的人，請站在按鈕旁的人說：「五樓，謝謝。」

這也經常讓我覺得很不方便。沒想到，後來卻在大阪看到了解決辦法。

那麼，是什麼辦法呢？讓電梯的空間變大嗎？還是增設一位電梯小姐？都不是。而是——

在進電梯前先按樓層鈕。

這就是解決方法。

我在大阪看到的，就是在搭電梯前先讓使用者按樓層鈕的新式系統。

它只是將原本進電梯後才按鈕的順序，倒過來變成先按鈕後再搭乘電梯而已。這麼一來，就再也不會發生「按不到按鈕，結果錯過要去的樓層」這種事了。

③傳單——解決「沒人拿宣傳冊」的問題

發傳單或宣傳冊給不特定群眾，一直都是促銷活動中的一環。

只不過最近，不管再怎麼努力發傳單，拿的人卻越來越少了。

如果附贈面紙，可能效果會好一點；

但如果只是純粹地發放傳單，就會有發不完的現象。

這裡有個例子。某人決定參加「創投商業展」活動。

他希望藉由這個展覽，讓更多人知道自己公司的業務。

由於展場的工作人員不多，除了來參觀攤位的人，他接觸不到更多的客群。

於是，他開始發起了公司業務的宣傳冊。

但是，怎麼發都沒有人拿，宣傳冊一直沒有減少。

要是大家拿了宣傳冊、看過之後沒反應也就罷了；但是連拿都沒有人拿，實在是讓人感到沮喪。

這時，他嘗試了「某種方法」。

之後，原本還堆得像座山一樣的小冊子，很快地就被人拿光了。

他到底做了什麼事呢？

其實，也不是什麼了不起的事。

他只是改變了發小冊子時的招呼。

之前，他都是一邊發放一邊說：「您好，這是我們的宣傳冊，請參考看看！」

後來，他把冊子放在桌上，改個詞說：「不好意思！每人只能拿三份！」
結果，宣傳冊就以三倍的速度開始迅速減少。
這是利用了「大家都拿那麼多份哦？那我也看一下好了……」的心理。
或許有人會覺得：「一次給同一個人發三份小冊子也沒用啊？」話雖如此，再怎麼樣也比沒人看的垃圾要好吧？
這裡的目的，就是「讓人拿走小冊子」。
如果是邏輯思考的角度，可能會用「改變小冊子的設計」或「換到人更多的地方」這樣的方式來解決。
但水平思考的特異性，卻讓他想出了

「假裝不希望宣傳冊被拿走，反而更能引起注意」的創意。

以上所說的三種解決方案，都不是什麼需要專業知識的東西。

他們都只是稍微改變一下思考的角度，就想出了這些創意。

每一個都是經常被我們忽略，或甚至簡單到一開始就不會去想的事情，但轉個彎就成了精采的解決方案。

明明是誰都想得到的事，卻要別人提醒後才恍然大悟。

沒錯。這就是讓你輕鬆獲得成功的「狡滑思考法」。

這不是在教你犯規。更不會造成任何人的不幸。不僅僅如此，它還能瞬間解決問題。

這就是——水平思考力！

下一章開始，我將帶領大家進入更深一層的水平思考的世界中。

COLUMN 1 水平思考力的練習

黑盒子（black box）

這是藉由填補「理想」與「現實」間的差距，來找出解決方法的一種練習。

做法很簡單。先在白紙中央畫一個四方形，然後在左邊畫下「現實中的狀況」，右邊則畫「理想中的狀況」。

這個在兩者中間的四角形，就是「黑盒子」。只要不停地挖掘這個黑盒子裡的創意，或許就能抓到某個發明或商品開發的靈感哦！

第2章

「水平思考」所需要的三種能力

看了前文的說明，大家是不是對水平思考法，有了大概的了解呢？

從這裡開始，我將針對水平思考，為大家提供更詳細的解說及線索。

我會在本章當中，為各位在大腦裡建構起能夠進行水平思考的「環境」。

這裡所說的環境，指的是思考的「脈絡」。

就像沒有建造水道，水就無法流動一樣；沒有建設好「環境」，新的創意也無法誕生。

想要建立水平思考的必要「環境」，下面三種能力缺一不可。

- **質疑力**
- **抽象力**
- **靈感力**

以上三種能力又是什麼樣的能力呢？

質疑力～打破既定觀念

阻擋自由思考的障礙

在第1章裡，曾說明過如果受限於既定觀念，就無法自由發想，思考也會因此停頓。

我想對這部分做更深入的分析與探討。

所謂的既定觀念，就是將人的思考侷限在框框裡的許多「必須～」或者「應該～」也就是那些常識、刻板印象或偏見。這些東西可以說是水平思考的「宿敵」。

一旦受到既定觀念的限制，腦子裡就只剩下千篇一律的無聊想法，甚至會被引導至錯誤的結論。

那麼，要怎麼做才不會受到常識及偏見的影響，自由地發展創意呢？

那就是「凡事質疑」！

「那樣做真的是對的嗎？」

「為什麼要這麼做呢？」

「或許還有別的做法也說不定啊？」

如果沒有質疑的勇氣，就不會有新的創意。

全新常識是從「非常識」創造而來？

許多我們現在認為是「常識」的東西，在以前很有可能並不是常識，這樣的案例非常多。

例如，各種罐裝或瓶裝的茶飲。

現在，不管哪一家的超商或販賣機，都一定會有販售罐裝或寶特瓶茶飲。但是，這種銷售方式，在一開始推出時卻並不「正常」。

「誰會特地花錢去買茶來喝啊？」

當罐裝或寶特瓶茶飲剛開始販賣時，最常聽到的就是這句話。但是，難道真的就沒有人買嗎……結果，看看現在廣大的茶飲市場就知道了。

當時的商品企劃就是勇於質疑「不可能賣得出去」這個常識，才創造出劃時代的商品。

嶄新想法使車禍事故銳減

「刻板印象」也是阻擋自由創意的敵人。

在這裡介紹國外的一個案例。

在某個地方，有個發生車禍的「死亡彎道」，那裡經常發生正面對撞的車禍意外。

但奇怪的是，那個彎道雖然大，視線並沒有非常差，該有的護欄和路燈都設置完善，乍看之下是不可能那麼容易發生意外的。

當地人覺得問題是出在「沒有標誌」及「沒有道路反射鏡」上。因此，想了許多對策，但車禍仍然完全沒有減少。

但是某一天，一個劃時代的發想，成功地讓車禍減少了。

你認為是什麼呢？

將道路拓寬。

設置交通號誌。

派駐警察指揮交通。

哪一個都不對。

最後所採用的方法更簡單。

那就是——拆掉護欄，消除馬路中線。

這就是答案。

據說他們只留下路燈，把護欄和馬路中線都拆除掉了，結果反而讓汽車駕駛變得小心謹慎，不敢開快車。

這大概是來自一般人必需要設置什麼才能減少車禍的刻板印象吧！當這個「刻板印象」受到質疑時，反而成功地讓車禍意外減少了。

另外，順道一提，日本的地方自治團體也參考這個案例，開始推動消除馬路中線的政策了。

鍛鍊「質疑力」的神奇關鍵詞

想要解決問題，就需要像這樣發揮「質疑力」。質疑所有的既定想法，並從刻板印象的符咒中解脫。

說起來簡單，但我們卻很難對自己認為理當然的事提出質疑。

要怎麼做才能讓自己擅於「質疑」呢？

那就要經常問自己以下這些話了。

為什麼？

打破既定觀念的最強詞彙，就是「為什麼」。

對於事物沒有太多「刻板印象」的小孩子，就最喜歡問「為什麼」，讓大人不勝其擾。但只要隨著孩子的角度去細想，也的確會覺得「對啊，到底為什麼呢」，然後陷入深思。

平常容易被我們所忽略的「為什麼」，是不是更有讓我們質疑「為什麼」的必要呢？

為什麼，有必要呢？

為什麼，不可能呢？

為什麼，一定要相同呢？

就讓自己回到單純的童心，提出更多的「為什麼」吧！

真的嗎？

許多做為前提的資訊，並不都一定是正確的。

如果主觀地認為那個資訊就是正確的，再以它為根據去做判斷，通常就會得出錯誤的結論。

所以，不要隨便輕信眼前的資訊，要時時地問自己：「真的是那樣嗎？」

只是現在

所有的事物都會隨著時間變化。

就算現在深信是「對」的事，十年後說不定會變成「錯」的。

此外，也有十年前還認為「不可能」的事，現在卻簡單地就做到了的例子。

「××製的產品爛死了，誰都不會想買。」

「那種事，只有這些錢是做不到的。」
「要△△，只有一個小時是絕對不夠的。」
就算現在是這樣，也不能輕易放棄。
要告訴自己，那只是「現在」而已。

和不同世界的人對話

想打破既定觀念，「和別人對話」也很有效。
而且最好選擇和自己完全不同世界的人，也就是和「不同世界的人」主動對話。
你的身邊有什麼「不同世界的人」呢？

外國人

和生活在不同語言、宗教和生活習慣的外國人對話，經常會讓人驚奇連連。因為許多我們所認為的常識，在他們的世界很簡單地就被推翻了。
雖然和外國人還存在有語言溝通上的問題，但只要能夠克服這個障礙，就能獲得刺激萬分的交流。

「為什麼日本人總是×××呢？」或許他們這些單純的問題，可以帶給我們前所未有的發現。

不同世代的人

如果你才二十出頭，請試著和七十歲的長者及五歲的小孩子說說話。你會在想法或價值觀上，獲得極大的發現。

在你的世代認為是「常識」的事，到了別的世代的眼中卻成了難以想像、甚至是無法理解的事。世代差距越大，彼此所認定的常識就越容易動搖。

不同行業的人

如果你是商業人士，就要盡可能和不同業界、不同職業的人交流。

人如果長期從事一項工作，就容易將業界的常識及慣例視為是理所當然。

但是，一旦有機會和其他業界的人交流，就會發現那些既定觀念簡直是脆弱不堪。

譬如，在自己的業界，必須嚴格要求事前簽定契約；但是換到別的業界，卻發現連手續本身都含糊不清。或者是同樣一件工作，不同的業界編列預算的方式都完全不同，這樣的例子屢見不鮮。

因此，和世代的狀況一樣，我們要盡量「遠離」自己的世界，和不同行業的人交流，那是很重要的事。

這裡稍微離題一下，前一陣子我剛好有機會參加和尚所舉辦的聚會。在那裡，我聽到了一段話，讓我印象十分深刻。

「這個世上沒有所謂的善人。每個人生下來，都在給別人帶來麻煩。說實在，我們不都是為了給別人添麻煩，才誕生在這世上的嗎？就這個意義來說，這個世上全都是惡人。」

因為我從來沒有這麼想過，所以乍聽之下感到非常新鮮。

大家也盡可能多和不同世界的人交流吧！

質疑≠壞事

聽到我希望各位「凡事質疑」，大概會有人一臉困惑地問：「難道是要我整天疑神疑鬼嗎？」

當然不是。

的確，如果有人對別人的每句話都追根究柢地問「是真的嗎？」「你確定嗎？」那麼你大概會被視為是很難相處的人，然後大家就會對你敬而遠之。

我這裡所提出的，當然不是那種破壞人際關係的質疑方式。

我只是希望大家能自覺到，對事物抱著毫不懷疑的態度，是一件多麼可怕的事。

不是去質疑對方，而是去質疑所接收到的既定觀念。

只要養成這樣的習慣，就能打破既定觀念的枷鎖，讓思考重新獲得自由。

抽象力～看穿事物的本質

看穿「本質」，激發創意

水平思考需要的第二個能力，就是「抽象力」。

但是，「抽象力」到底是什麼呢？

簡單地說，就是專注在事物「本質」和「功能」的能力。

不過，這個說明本身也很「抽象」就是了。

下面就來做具體的說明。

例如，鉛筆的本質是什麼呢？

就是「書寫」文字或圖畫。

但是，如果鉛筆變得太短不能寫，就會被丟掉。
因為鉛筆無法發揮它的功能了。
如果將「書寫」這個行為抽象化，很快就能找到鉛筆的替代品。
原子筆、簽字筆、自動鉛筆……
毛筆、鋼筆甚至是蠟筆，都可以取代鉛筆。
只要是文字或圖畫可以判讀，就算是電腦列印也可以。
就像這樣，將已經存在的東西，拿來思考可用什麼東西做為代替，便具有激發創意的極大效果。

抽象化的三個步驟

抽象化可依以下的順序進行。

特定對象　↓　抽象化　↓　具體化

這裡舉一個案例來做說明。
汽車大王亨利・福特剛開始創業的時候，曾經為了選擇什麼樣的行業而煩惱。他向周遭的人尋求意見，每個人都告訴他應該去開發「高速馬車」。

那時是十九世紀末。

當時的人還在以馬車為「代步工具」。

比四頭馬車還快的，就是六頭馬車了吧！

不不，乾脆弄個八頭馬車，不是更快嗎？

以一般常識來看，大概跳脫不出這些想法。

但是福特的思考卻和大家不一樣。

他把眼光放在當時小部分有錢人才有的自動車上，並創立了汽車公司。

福特的思考模式應該是下面這樣：

馬車（特定對象）

↓

快速移動的工具（抽象化）

←

汽車（具體化）

之後，為了能用更便宜的價格將汽車提供給一般大眾使用，他開始挑戰大量生產化。

第一個將原本只能手工打造的汽車，轉變能以生產線方式製造的人，就是福特了。

這樣的結果就是，原本只屬有錢人的貴族交通工具，變成了適合大眾的「福特T型車」，進而推廣到全世界。

不過，後來福特卻遭到了一次巨大的挫折。

「福特T型車」雖然在當時幾乎成了汽車的代名詞，但他們卻只有一款黑色車種。

而其他競爭對手，卻發表了多款不同色彩及設計的汽車。

一直等到銷量下滑，福特才終於發現了這個問題。

因為這時，「本質」已經變了。

汽車（特定對象）

←

吸引顧客的賣點（抽象化）

←

多采多姿的車款（具體化）

消費者在購買汽車時，不論在設計或顏色等等，不管哪一項都只是原有用途（快速移動）外的附加價值。

然而，當汽車被視為是理所當然的代步工具時，能有別於他者的差別化，就變成了一個重要的條件。

本質會依視角而改變

想要找出事物的本質時，可以試著去想「用來○○」裡的「○○」，可以填入什麼。

拿前面的例子來做比喻。鉛筆就是「用來書寫」，汽車就是「用來快速移動」。像這樣思考物品的用途，再努力練習在○○裡填空，就能有效地學習到

「抽象力」。

以「報紙」為例，它的本質又是什麼呢？

就來套用一下「用來〇〇」這個公式吧！

・用來傳遞訊息

・用來刊登廣告

一般來說，大概就是這樣了吧！

如果能從不同的角度去思考，還會發現有這樣的用途。

・用來包裝（陶器、烤蕃薯或蔬菜等）

・用來鋪墊（剪指甲、削果皮等）

・用來防變形（皮包、鞋子等）

・用來防髒污（烤肉店、文字燒店的紙圍裙等）

其他還有點火的火種、臨時雨衣、防寒道具或回收資源等用途。

但如果著眼在紙面，還會出現這樣的用途。

・廣告設計的版型

・時事問題的題庫

・廣告文案的參考資料

像這樣，當報紙被視為是「物體」，或被當成是「資訊」時，兩者的本質就產生了改變。

什麼？還可以捲起來「打蟑螂」？沒錯，這樣想就對了！

想出三十種用途

在我以前工作的公司，曾經流行一個遊戲，就是隨身拿起身邊的東西，然後想出它的所有用途。

這是激發創造力的訓練。

規則是由數個員工輪流回答，不管是什麼東西，最少都要想出三十種不同用途。

如果想不出來，就要接受嚴格的「懲罰」。

拜這個訓練之賜，後來我養成了看到東西，就會去思考不同用途的好習慣。

實際嘗試一下就會知道，到前十個還很簡單，等到超過二十個之後，就會突然失去靈感。但是很不可思議的是，如果堅持下去，到了某個階段又會突然

「文思泉湧」了起來。
這似乎是在強迫自己苦思的過程中，在某個點上「視角」突然改變了的關係。譬如說，像報紙就能再想到「鋪在鳥籠底下避免弄髒」的用途。
一旦注意到「髒污」，就能再發現：
・用來包裹髒東西（避免弄髒周圍）
・用來包裹乾淨的東西（避免內容物被弄髒）
……等兩種新的視角。
結果，又發現新的用途了。
平常就要養成看到東西都去思考「那是用來做什麼的」、「還有沒有其他用途」的習慣。
只要能有意識地去訓練「抽象力」，就可以確實地提升自己的創意及靈感。

最後，告訴大家一則笑話。那是美國和蘇聯在太空競賽時期發生的事。

NASA發現，原子筆在無重力狀態下無法使用。因為原子筆要靠重力送出墨水，所以在無重力的世界中無法寫字。

於是，美國科學家花費了龐大的經費，終於製造出了一支可以在宇宙中使用的原子筆。

而這個時候，蘇聯的太空人則使用鉛筆……

看樣子，蘇聯的水平思考力比起美國要略勝一籌啊！

靈感力～絕不錯過偶然的發現

碰巧發現的「大陸漂移說」

英語中有一個叫「serendipity」的單字。

這個字很難翻譯，一定要將它翻出來的話，就是「在尋找什麼東西時，意外發現其他有價值或稀奇事物的能力」。

也可以說是「無視偶然的偶然之力」或「將偶然與其他東西連結的能力」。換言之，就是「靈感力」。

在這裡，要特別介紹一下提出大陸漂移說的德國科學家韋格納（Wegener）的靈感力。

大陸漂移說認為地球上的陸地原本是巨大的陸塊，後來陸塊分離，向四周散開，才形成現在所見的各大洲……的學說。

以現在來說，大陸漂移說已經是常識了，但在韋格納提出這個學說的一九一二年，卻完全受到大眾的排斥，認為「完全不可能」。

大陸漂移說的產生，是韋格納某天正在觀察世界地圖，忽然發現美國西側和南美東側的海岸線像拼圖一樣吻合，於是這項重大的發現就此誕生。

或許，還有其他人和韋格納一樣，也發現了相同的事實。

但是，能夠聯想到「大陸移動」這樣的可能性，並開始尋求證據，只能說是韋格納特有的才能吧！

偶然為發明之母

如果仔細研究一下我們身邊常見的物品，會發現它們幾乎都是在偶然間被發明出來的產物。

譬如說，只是偶然將麵糊放在大太陽底下，結果就誕生了「麵包」；葡萄酒則是將葡萄汁代替水放進瓶子裡，結果自然發酵而偶然產生的飲料。

微波爐也是偶然的產品之一，它是由開發飛機雷達的波西・史班塞（Percy Spencer）所發明的。

他是在某次發現，只要他進行雷達的實驗，口袋內的巧克力就一定會融化。

之後，他試著把玉米粒放在雷達前，結果發現玉米粒變成了爆米花。

爾後，史班塞開始研發能用微波烹飪的爐子，世上第一台微波爐就此誕生。

日本也有類似的例子。

那時，Lotte 電子正在研究能放入糖果袋裡的抗氧化劑。

但是，在開發抗氧化劑的過程中，他們發現實驗使用的鐵粉會不斷發熱。

如果是平常，這件事會被當成實驗失敗而告終。但這次的研究者卻想到：

「如果不是當成氧化劑，而是當成暖爐使用呢？」

在這個實驗進行的當時，日本主要是使用以石油醚（benzine）做液體燃料的「白金觸媒式懷爐」，但這個暖爐實在很難使用。

因此，不需用到火的「暖爐」，簡直就成了劃時代的商品。

一九七八年二月，Lotte 推出了名為「暖暖包」的商品。

當然，後來它是如何大賣，我就不再贅述了。

豐田汽車生產線，靈感來自超市？

或許有人會想：「如果沒碰到像實驗意外那樣的戲劇性過程，靈感力會不會就無法發揮呢？」

當然不是。

靈感力，其實是一種隨時能在日常生活中，發掘出「貴重寶物」的能力。

大家聽過「豐田生產模式」嗎？簡單地說，就是在組裝汽車時，所有需要的零件都會在需要的時候出現在手邊的生產方式。

這是一種以「徹底杜絕浪費」為目標的生產方式，其效果已經聞名全球。

說到豐田生產模式的由來，是豐田創始人豐田佐吉所創，再經過兒子豐田喜一郎進一步發展，最後由工程師大野耐一將之完整化。

在這裡，要介紹這位大野耐一所發生的逸事。某次，大野耐一去美國的汽車工廠觀摩。但他沒有被工廠的生產方式所打動，反而是那裡的超市引起了他的注意。他在店內觀察了貨架一陣子之後，發現了一件事。

客人買了商品，架上的貨減少；商品減少到一個程度，店員會立刻把架上補滿……

這是一個看起來沒什麼特別，極為平凡的情景。

但是，大野卻受到了前所未有的衝擊。

顧客需要的商品，在需要的時候，供給所需要的量……回日本後，他立刻將超市中得到的啟發應用在生產中，創造了完整的「豐田生產模式」。

如果大野一開始就抱著「日常生活中不可能獲得啟發」的想法，恐怕這個享譽全球的「豐田生產模式」就不會誕生了。

而大野耐一，則留下了這樣一段話。

「不要先入為主，要以回歸白紙的態度，觀察生產現場。」

這才是發揮靈感力時所需要的觀念。

磨練你的感性雷達

我將靈感力定義為「無視偶然的偶然之力」。

當偶然發生的時候，有人毫無感覺，有人卻會思考，要把「偶然」運用在哪裡。誰會獲得成功的鑰匙，我想無需贅論。

而這個「偶然」，並不是什麼特別事件發生的瞬間，而是從日常生活中所獲得的啟發。因此，為了能從偶然中獲得靈感，就要磨練你自己的感性電達，讓它的觸角能伸向所有角落。

如果不管看到什麼、聽到什麼，都一副「我全懂」的高姿態，人的感性就只會變得越來越遲鈍。

感性一旦變弱，創意自然也會變得貧乏。所以，不要把每件事都視為理所當然，要學習從平凡中找尋驚奇。

就算剛開始只是刻意地去「驚奇」也沒有關係。即使剛開始是刻意的，但是欺騙久了，大腦也會當真，自然對每件事都能產生感動了。

「靈感力」這個能力，需要時刻去感受驚奇與感動，才能獲得磨練與提升。

以上，三種需要的能力已經說明完畢。

下一章開始，就要參考具體案例，更加深入水平思考的世界。

COLUMN 2 水平思考力的練習
和憨妙拉星人對話

有一個叫「憨妙拉星人」的未知生命體出現在你面前（「憨妙拉星人」是我隨便取的名字，不具任何意義，大家也可以隨意取自己喜歡的名字）。

現在要練習的，就是要向這個「憨妙拉星人」說明自己身邊的事物。

例如，向憨妙拉星人說明電腦是什麼。

當你說「就是使用鍵盤和滑鼠進行工作的機器」時，憨妙拉星人肯定又會問你「鍵盤」和「工作」是什麼。

我們認為理所當然的事，憨妙拉星人卻完全無法理解。像這樣藉著和假想對象對話的過程，可以釐清事物的本質，同時學會抽象化的能力。

第3章

用最小的力氣，獲得最大成果

如何能不努力卻有大收穫？

人本來就好逸惡勞？

從本章開始，將為各位詳細說明水平思考的運用方式。各位可以參考自本章起，六個章節的主題，來具體了解該如何運用水平思考法。

第一個主題就是「用最小的力氣，獲得最大成果」。

人，基本上是討厭努力的生物。

雖然大家都知道刻苦耐勞是美德，但做不做得到又是另一回事。

因此，除非是閒到沒有事做，或天生就喜歡給自己找麻煩，不然每個人都想盡量找到能輕鬆解決問題的方法。

本章的主旨就是要徹底探討這樣的想法，也就是如何「用最小的力氣，獲得最大的成果」。

其實歸根究柢地說，水平思考本來就不像邏輯思考那樣，照著A→B→C的順序去解決問題，而是找出能從A→Z的最短捷徑。

從這個意義上來說，本章的主題可以說是最典型的水平思考的模式。

生肖從老鼠開始的原因

換個話題，大家知道十二生肖是怎麼變成今天這樣的順序嗎？雖然我想應該沒有人不知道十二生肖的由來，但這裡還是稍微提一下！

很久以前，如來佛祖邀請動物們過新年，同時打算選定最先到達的前十二種動物擔任十二生肖。

動物們為了趕上元旦，紛紛開始準備動身。

當中最早動身的是牛，因為牠怕腳程慢，自己會遲到，因此早早在年前就出發了。

照理說，牛這麼努力，本來應該是牠最早到達才對。

但是，這個故事的轉折，就在於偷偷坐到牛背上搭便車的老鼠。牠在最後一刻跳了下來，搶先衝到終點，成了第一名。

這個故事就是「用最小的力氣，獲得最大成果」的典型範例。

想要「用最小的力氣，獲得最大成果」，有以下三種方法：

·借助外力

·整合過程

·取得「輕鬆的權利」

接下來，依序為各位說明。

借助外力

所謂「麻煩的事」，到底是哪裡麻煩呢？

當然是因為必須「自己」親自動手不可。

由於非得自己親自去做，因此越費時、費力的工作，就越讓人感到討厭。

這個時候，只要借用別人的力量就可以了。

最簡單的例子，就像前面十二生肖中的老鼠，借用了牛的力量那樣。

馬克．吐溫的《湯姆歷險記》中，也有一段借助外力的小故事。

某天，阿姨吩咐湯姆去刷籬笆，但湯姆想出去玩，根本不想做，卻又不能不聽阿姨的話。

於是，他想到了一個好計策，他拿起了刷子，「假裝很快樂」地刷起了油漆。

原本在旁邊取笑湯姆的朋友們，看到他刷油漆刷得那麼愉快，不由得開始感到好奇。

很快地，朋友開始哀求湯姆讓他們試試看，卻被他故意拒絕了。

最後，大家開始爭先恐後地搶著刷起油漆，籬笆一下子就粉刷完成。湯姆沒有付出半點力氣，卻得到了阿姨的稱讚。

這個故事告訴我們一件很重要的事。

也就是，當我們要借助別人的力量時，絕對不能認為那項工作是件麻煩事。一旦這麼想，就很有可能被對方察覺自己是「被利用」了。

如果發現自己只是在為他人作嫁，誰都不會願意出手幫忙的。

整合過程

如果在做某項工作時，可以將過程整合在一起，將會非常節省時間。

我們常在工廠、倉庫或市場，見到搬運沉重貨物的堆高機。

通常，當我們要測量常人無法搬動的貨物時，會用堆高機將東西搬到磅秤上。

但是，某家公司開發出了一個商品，大幅減輕了作業的困難。

他們直接在堆高機的貨叉上加上了磅秤，也就是「磅秤型堆高機」。

這麼一來，直接就省去了搬運貨物到磅秤的過程。

這項發明不只縮短了作業時間，同時也節省了現場的人事成本。

由於搬運的同時可以測量，勞力上的需求也減少了。

另外，還有一個針對繁忙的主婦所開發出來的創意商品。

它叫「抹布懶人拖鞋」。

顧名思義，就是在拖鞋底部裝上抹布，穿在腳上就可以邊走邊察地了。

姑且不論它的清潔效果如何，它把走路和清潔兩個過程結合起來，也算是節省時間的一項發明。

取得「輕鬆的權利」

最後一個就是取得「輕鬆的權利」。

只要能獲得這個「權利」，就算旁邊的人全都得做得要死要活，只有你可以不流半滴汗便能獲取利益。

古希臘哲學家泰勒斯（Thales）曾有

過這樣一段逸事。某天泰勒斯觀測星象，預測出明年橄欖會大豐收。

他立刻向榨橄欖的商家交涉，事先買下榨橄欖機的「租借權」。

第二年，橄欖果然大豐收，榨橄欖機的租借費一下子大漲。

按照之前的契約，泰勒斯先用低價租下了榨橄欖機，之後再以高價轉租給別人，獲得了龐大的利潤。

這和第6章「掌握先機的先機」想法有點類似。

泰勒斯事先從榨橄欖機主人那裡購買下來的權利，就是「輕鬆的權利」。

另外，還有一個雖然不是直接購買「權利」，但也是很類似的例子。

這是「某個人」學生時代發生的事。

大部分的人在找打工時，一般都會找能夠認識異性或自己有興趣的工作吧？

但這個學生的思考方式卻和別人不一樣。

以前，有一種利用飛行船的廣告。

這是在屋頂上飄起飛行船，再在下面垂掛寫上廣告文字的布條。

現在雖然比較少見了，不過以前在百貨公司或大型會場的屋頂上經常可見它們四處飄揚。

這種飛行船廣告必須有人定期巡視，避免它們被風吹走。這個學生就是包下了這個「監視工作」。

說是「監視」，其實就是在風大的時候注意一下就好了，其他時間什麼都不必做。所以，實際上，這個學生在工作時，大部分的時間都是在讀書。

他就是後來創立 RECRUIT 集團的江副浩正。

這個例子藉由統包飛行船的監視工作，而獲得了「輕鬆的權利」。

從槓桿原理思考

當你想「用最小的力氣，獲得最大成果」時，可以想像一下「槓桿原理」。

想好好地利用「槓桿」，花小力氣搬動重東西，就必須找到最省力的支點。

如果選錯支點，就會花費多餘的力氣，這麼一來，就失去使用「槓桿」的意義了。同樣的，思考也需要一個最佳「著力點」。

要怎麼做，才能花少少的力氣，獲得最大的效果呢？

只要找到了那個「著力點」，之後就能輕鬆獲得最大的成果。

【案例1】花點小功夫，就能準時起飛的航空公司

重新檢討服務方式

近年來，航空業的競爭變得十分激烈，越來越趨向於低價策略。現在市面上有許多價格低廉的航空公司。不過，各位知道這些低價航空的「始祖」是誰嗎？那就是美國的西南航空公司。西南航空的經營方針十分明確——「我們是最便宜的航空公司」。

為了體現這個最便宜航空公司的承諾，他們將能削減的經費徹底地刪減。

我們一般都認為，「為了提供優質的服務，至少要達到與其他公司相同的水準」。但是，西南航空為了達到「削減經費」的目的，決定不和其他航空公司做同樣的服務。舉例來說，西南航空不提供機內餐點。他們刪減了會增加裝卸時間的機內餐點，只提供飲料和點心。由於乘客事前都已經知道了，所以想用餐的人會先在機場解決，或自備三明治。

本來，乘客對航空公司的要求就很多樣化。有人要求最高級的服務，有人只想花少少的錢搭乘飛機。

西南航空很早就發現了這個需求，便開始徹底削除經費，以達到最低價格的目標。乘客也理解西南航空的做法，因此對服務的要求也會降低。即使服務不盡如人意，但顧客的滿足度仍然很高。

如何讓飛機準時起飛？

此外，航空公司經常會遇到的問題還有一個，那就是「準時起飛」。如果飛機延遲起飛，就要花費很大心力去調整後續，也必須處理乘客的抱怨。當然，西南航空也不例外，只是他們藉由某個創意，成功地解決了這個問題。

只不過，飛機到底為什麼會發生「延遲」呢？就像前面所提到的，航空公司是以盡可能提供優良的服務為重點。這麼一來，就產生了必須花費時間進行機艙整備，以處理龐大的裝卸行李，這種狀況導致飛機延遲的情形。在這一點上，放棄在服務品質上競爭的西南航空，就沒有這方面的問題了。但是，除了機艙整備之外，還有「乘客花太多時間登機」這個問題。

座位採先到先贏

我們來看一下一般搭機的程序。航空公司通常會發給乘客一張登機證。登機時，空服員會撕下一半將存根交回，乘客再根據上面的號碼尋找座位……大致上的情況就是這樣！但西南航空的搭機程序卻稍微有點不同。

乘客們在候機室會拿到一個塑膠製的號碼牌，時間一到，空服員會喊道：「請1到50號的乘客登機。」然後空服員再把號碼牌收回來。但是，這樣要怎麼找座位呢？如果你問西南航空的空服員，他們大概會這麼告訴你：「先到先贏。」也就是說，登機之後，乘客可以任選自己喜歡的位置。

採用這種方式有什麼效果呢？空服員只需要將號碼牌發給候機室的乘客，

等時間一到請他們集合，再收回號碼牌就可以。他們不必引導乘客，也不用在報到時處理劃位的問題。而乘客方面，只要早點到機場，就能坐到自己喜歡的位置，因此也不會遲到。由於不需要花時間找位置，所以很快就能完成登機，並隨時準備起飛。西南航空只是取消了登機證的使用，就成功省下了這麼多的時間與手續。

飛機機種限定一種

此外，西南航空還成功地完成了一項「用最小的力氣，獲得最大成果」的工作。其他航空公司會依用途選購不同的機種，但西南航空只有一種飛機，就是波音747。如果考慮到不同的用途，無論如何都必須增加機種。由於不同機種需要不同的資格，因此也需要依照機種來確保機師人數。此外，還得準備好各機種的更換零件。如果只有一種飛機，那麼零件就可以共用了。就算機師突然生病，也能很快地找到人代班。當然，也不會有突然停飛的狀況了。

這裡是重點！ **為了「準時起飛」，座位採先到先贏的方式。**

SUMMARY

西南航空公司，發揮他們的「抽象力」，找到了問題的本質。

為了成為全球最便宜的航空公司，就必須盡量多飛幾個航班。如此一來，如何「減少在陸地上的待機時間」，就是最重要的問題了。

只要找到問題的根源，就可以導入以到達順序來決定座位的方法，同時取消登機證的使用。

我們東方人總是認為，如果想得到最大的成果，就必須付出相對的「努力」。

因此，對於輕鬆得到結果這件事，心裡都有著些微的抗拒。

比起什麼都不做，只想著如何賺大錢；我們覺得揮汗辛勞工作所賺得的酬勞，才是一種美。

但是，真是如此嗎？

確實，努力本身是很重要的，但是花點功夫去取得更大的成果，也不是錯誤的事。

「努力＝善」、「輕鬆=惡」，這種觀念才是束縛住我們內心的偏見。

水平思考的精髓，就在於「如何才能輕鬆地達成目標」。

COLUMN 3 水平思考力的練習
制約思考與自由思考

這是故意將事物加上制約，或將原有的制約去除，藉此引發出獨特創意的思考訓練法。

- **如果捷運裡可以自由販賣東西的話？**
- **如果公司要我們將一天的工作在四小時之內完成的話？**
- **如果手機簡訊只能使用表情符號的話？**
- **如果用一億日圓解決你所住區域的問題的話？**

大家可以像這樣思考一下。這些假設的情景可能就會擴展你的想像力，進而刺激出意想不到的創意哦！

第4章

利用對手的力量

讓弱者能生存下來的三種方式

和強者硬碰硬也贏不了

俗話說「弱肉強食」，這個世界上同時存在著強者和弱者。

弱者，永遠無法勝過具有壓倒性力量的強者。

在人類的世界，為了維持社會功能，還會定出一些救濟政策。但相較於自然界而言，就只能自求多福；運氣不好的話，弱者就只能成為強者的盤中食。

於是，弱者為了生存，不得不這麼思考，「難道不能巧妙地利用強者的力量嗎？」

不和強者正面衝突，而是一面利用對方的力量，一面找尋共存之道。

只要成功，牠們就不會被強者吞食，能夠殘存下來，對牠們來說是性命交關的事。那麼，所謂的策略又是什麼呢？

自然界的弱者「利用」強大生物的模式，大約有以下三種：

・吸盤魚型
・寄生蟲型
・寄居蟹・海葵型

有趣的是，實際上，這三種模式在人類世界中也很常見。

吸盤魚型

吸盤魚，頭頂具有小型的吸盤構造，經常吸附在鯊魚或魟魚等大型生物（宿主）身上四處移動，是一種喜歡搭便車的特殊魚類。

吸盤魚的行為，讓牠不但可以不必游動，還能吃宿主吃剩下的食物或排洩物維生。對鯊魚來說，吸盤魚是不值得一提的微小存在。

因此，牠們對吸盤魚依附在自己身上的行為，應該是完全不在意的。

當然，是不是真的「完全不在意」，只有鯊魚自己才清楚。不過，至少吸盤魚的存在，對鯊魚來說，似乎並不是什麼大不了的問題。

在商業的世界裡，也可以看到類似的依附關係。例如，汽車與汽車相關商品。

像音響、芳香劑等汽車精品市場之所以能夠形成，自然是因為汽車普及的關係。汽車業與周邊精品業，兩者的市場規模可以說是天差地別，由於相關商品是依靠大企業（強者）之力才能形成市場，它們就是屬於「吸盤魚型」的關係。

其他，還有手機與其周邊商品、電腦與其周邊設備產品，都是類似於吸盤魚型的關係。

寄生蟲型

寄生蟲是一種長期潛伏在其他動物體內，偷偷吸取宿主養分的生物。在吸盤魚型的關係當中，依附者（吸盤魚）對宿主是無害的。但是，在寄生蟲型的利用行為中，被利用的宿主卻多少會受到影響。

這在人類社會中也是常見的一種現象。

例如，某一本書籍突然爆紅，締造驚人的銷售量，成為超級暢銷書。

然後，很多出版社就趁著這個熱潮，推出許多類似或解說或評論的相關書籍。只要「原創」的書籍越紅，搭「順風車」的這類書籍也能獲得一定的銷量。

另外，還有一種商業策略，是故意選在有很多人排隊的熱門拉麵店旁邊，再開一家拉麵店。

這麼做是為什麼呢？

有時候，如果店門口排隊等待的隊伍太長，後面來的人就會覺得麻煩。因為即使特地前來而勉強排隊，但如果隊伍一直沒有什麼動，最後就會感到不耐煩。當中或許有人不願意再等，會想「乾脆換一間沒有那麼多人排隊的地方好了」，而改去旁邊那一家的拉麵店吃。

聽起來像是騙人的，但卻是真有其事。

不管哪一個例子，都讓強者損失了原來應有的利益，因而造成了不良的影響。

頑固
拉麵
鬼
拉麵

寄居蟹．海葵型

最後，是「寄居蟹．海葵型」。

為了讓各位能有更清楚的認識與了解，在此說明一下。

寄居蟹是寄居在於軟體動物殼中移動的生物，而海葵則是固定在海底的有毒生物。有一種寄居蟹會把海葵背在殼上生活，海葵的毒性會讓其他生物對牠敬而遠之，因此不會受到攻擊。而海葵附在寄居蟹身上，則可以增加牠的移動範圍，對牠也是非常有利的。就兩方來說，可以說是產生「雙贏」的關係。

在「寄居蟹．海葵型」的關係中，強者與弱者沒有區分，他們是「對等」的。這一點和單方面借用對方力量的吸盤魚型不同。

前面曾介紹過汽車與周邊精品的關係，如果這個周邊精品的廠商擁有強大的品牌力，情況又會是如何呢？

譬如說，高性能的汽車音響。汽車公司會不會刻意打造這個裝備的展示車，然後打出「配備××牌高性能音響」當作宣傳呢？這對汽車及音響公司兩方都是有利的事。

最近，我們常常會看到餐飲店貼出「本店使用××縣生產的××豬肉」這樣的告示。如果貼出這個告示的是一家高級餐廳，會有什麼樣的效果呢？

餐廳方面藉由公開產地，來強調「安全．安心」食材的宣傳；相對地，生產者也能以「某高級餐廳使用本公司肉品」來為自己加分。

「寄居蟹．海葵型」就是這種「雙贏」（Win-Win）的關係。

強者援助弱者

不過，在商業界也有一些例子，完全不屬於以上三種法則。

例如，強者利用弱者的案例。靠著Win-

雙贏的關係

dows 在電腦界獨占鰲頭的微軟公司，在某個時期，曾經資助過當時為業界第二的蘋果電腦，甚至投資入股。微軟為什麼要特意做這種事呢？

這是因為，如果微軟不幫助蘋果的話，將可能因拒絕交易等壟斷行為，而觸犯了反托拉斯法。過度獨占利益的微軟公司，需要一個「強大的第二順位」。

另外，還有這樣一個故事。一個年輕的企業家去拜訪了美國某位大富豪，希望他能投資自己的事業。大富豪沒有答應，但提出了一個奇妙的建議。「我不會投資你的事業，不過，我可以帶著你去證券交易所走一趟。」

看到超級大富豪和年輕人走在一起，每個人都驚嘆：「能和那個大富豪並肩走在一起，那位年輕人一定也是個了不起的人物！」

據說，這個消息後來很快地傳了開來，這個年輕的企業家也因此籌到了大筆資金。雖然不知道這個頗具傳奇色彩的小故事是真是假，但卻是強者利用自己壓倒性強大的力量，去幫助弱者的一個例子。

【案例1】對龍頭企業緊迫盯人的化妝品公司

後發的驚人力量

想進入一個市場已經近乎飽和的業界，可以說是困難重重。一般都會認為「希望不大」，然後早早地打退堂鼓。但是，只要用對方法，新加入者也不是不能找到出手的空間。確實，大部分後來才進入的企業，比起原本的龍頭企業，無論是在資金、人脈或技術上都十分缺乏。但是，就是因為是後來才參與的，反而更能投機取巧地來獲得確切的利益。

在這裡要介紹，某A化妝品公司是如何成功進軍被喻為不可能的業界，最後還確立一定地位的事例。

緊盯龍頭企業之「鄰」

舉例來說，現在要計劃開一家新的餐廳。這個時候，計畫的哪一個部分最需要花費資金呢？

在挑選開店地點時，必須考慮周邊區域的特徵，事先做好性別及年齡等來店客層的調查。也就是所謂的「市場調查」。當中最花錢的，就是這一個部分。

如果是大企業，自然會撥出一筆預算專門做市場調查，但小公司就沒有辦法了。即使好不容易找到一個好地方，卻被其他同業者捷足先登……這種情況也屢見不鮮。通常這時，大部分的人都會想「反正也搶不過對方，就換別的地方吧」。

但是A公司的想法卻與眾不同。既然龍頭企業已經在那裡開店，就表示他們之前市調的結果是會「賺錢」的。於是，A公司採取了對龍頭企業緊迫盯人的策略。

只要龍頭企業在某百貨公司設櫃，A公司馬上就跟進；龍頭企業在車站貼上海報，A公司一定在旁邊貼上自家的海報。事實上，其他業界也有類似的案例。

B飲料公司也採取了幾乎是相同的戰略。他們在龍頭企業的每一台自動販賣機旁，一個接一個地設置了自家的販賣機。無論是百貨公司櫃位，還是自動販賣機設置點，龍頭企業都在事前做過詳細的調查，因此可以確定那些地點會「吸引顧客購買」。

此外，購買龍頭企業商品的人，也會同時看到A、B兩家公司的商品，對於提升他們品牌的知名度上也很有幫助。

這裡是重點！ **最佳銷售策略就是，利用其他大企業的市調能力。**

【案例2】以「業界第二」做宣傳點的租車公司

我們是業界第二！

第二名的存在，通常不太為人所知。

日本第一高峰是富士山，但如果問：「那第二高峰呢？」相信沒有幾個人可以馬上答出來（答案是高三一九三公尺的北岳）。

同樣的，業界內的龍頭企業雖然知名度很高，但第二名就不太有人知道了。

那麼，第二名的企業要怎麼做，才能有效地宣傳自家公司呢？

這裡就來介紹一家成功利用策略達成目標的企業。

一九六二年，美國的 Avis 租車公司打算以「業界第二」這個概念，來宣傳自己。當時美國最大的租車公司是「Hertz 租車」，第二就是遠遠落在後面的 Avis。這個構想當時受到 Avis 高層的大力反對。那是當然的。

他們每天都是以「追上並超越第一名」為目標，沒人會想去主動宣傳自家公司是「業界第二」。高層的抗拒可以理解，一旦承認自己是第二名，就很有可能擺脫不了這個形象了。然而，就現實狀況來說，這也無法改變他們是業界第二的事實。就算他們覺得「這樣不就等於承認自己是第二名了」，但只是單純地說出事實，對現況也不會有什麼大改變。於是，Avis 的高層們最後勉為其難地答應了。

剛開始，他們推出「Avis 是業界第二大的租車公司，每天都以超越第一大為目標！」這樣的廣告。然後，每個 Avis 的員工都在身上戴著「我們是業界第二」的名牌。

每位來租車的顧客都會馬上注意到這個名牌，而員工們更是每天都會看到，對這個名牌更加在意。這個名牌的功能，是用來刺激員工對「業界第一」的競爭意識。但是，光是這樣，還不足以超越業界第一名。

將龍頭企業的缺點化做優勢

當時，業界最大的 Hertz 公司，自然擁有非常多的顧客。顧客一多，服務自然就忙不過來；再加上租車率高，有時候還發生直接把剛開回來還未整理清潔的骯髒車子就租出去的事情。Avis 沒有放過他們服務品質低下的問題。他們進而思考到，自己可以解決Hertz客戶的不滿。因為業界第二的 Avis，顧客沒有多到必須大排長龍，車子也有充分的清洗時間。

於是，他們又推出了這樣的形象廣告。

我們是業界第二。但是，請不要因為「同情」，而來使用我們的服務。如果我們的服務人員動作緩慢、借出的車子是髒的，就讓我們Avis倒了沒有關係！

推出這些廣告之後，Avis 在兩年間業績成長了28％。雖然，第二名之所以能成立，是因為有第一名的關係。因此，當第二名的存在為人所知，也可以說是利用了第一名的力量。

二〇〇〇年，日本的KDDI電信也以強調自己是業界第二的方法，展開了宣傳策略，推出了一支「第二名讓世界變有趣，KDDI現在通信業界第二」的廣告。

「同情弱者」是人性，日本人一聽到第二名，就會不由自主地想為對方加油。KDDI的廣告，自然是巧妙地「夾帶」了這一層心理。

這裡是重點！

利用「第二名」的位置，提高了知名度。

1
3
2
22-2
租車
1
3
2
2
2

SUMMARY

以前面所提過的三種模式來分類的話，【案例 1】可以說是屬於「吸盤魚型」。

他們聰明地運用了龍頭企業的情報優勢，省下了市場調查的經費。

而【案例2】，則介於「寄生蟲型」與「寄居蟹・海葵型」之間。雖然這家第二名的公司並非「寄生」在第一名身上，但一旦行銷策略成功，他們就會奪走第一名的顧客。

這是藉由強調業界第二的地位，來改變顧客的思維，並藉機謀奪第一名地位的戰略。

那麼，要怎麼做，才能成功利用強者的力量呢？

就算再怎麼厲害，其實，強者還是會有絕對注意不到的地方。因此，首先就是要找出那一個「盲點」。

將強者的產品或服務做各式各樣的分析。

「如果有這個的話……」

「假如能再這麼做的話……」

去思考有沒有哪些缺乏的地方，或者需要再加強的地方。在那裡，或許隱藏著某個能進入強大市場的契機。

此外，也可以檢討看看，有沒有辦法利用強者所建立起來的成果，像是成熟的制度、模式或系統等，可以省去多餘的投資花費。

走在前面的開路先鋒，每個決定都伴隨著極大的風險；跟在後面的人，卻只要順著道路走就可以了。

或許有人會說這種做法不公平，但事實上真是如此嗎？

只是胡亂地投與金錢及心力，並不算是勝利。

要確實地掌握機會，利用對方的力量。

弱者有弱者自己勝利的方法。

最重要的是，一旦真的找到了，就要馬上展開行動。

為什麼呢？因為強者身邊可是圍繞著無數的弱者。

如果還拖拖拉拉，或許就會看到別人用你想得到的方法獲得成功。

COLUMN 4 水平思考力的練習

代入思考

即使別人告訴我們要擺脫刻板印象或偏見，但人類其實很難突破自我思考的框架。在這裡就是要教大家如何捨棄自我，進而成為別人的練習。

如果我是總統的話，我會怎麼想？

如果我是以前的高中老師的話？或是織田信長的話？

在想像的世界裡，你想變成誰都可以。

但是，光只是假設還不夠。在那之前，要先想像自己打開那個人背後的「拉鍊」，然後走進「裡面」，取代他變成他本人的模樣。

你覺得這是愚蠢的妄想嗎？

但是，一旦能借用他人的觀點，或許會有意外的發現哦！

第5章

異質組合

全新價值是「組合」而來的

冰淇淋甜筒誕生的瞬間

一九〇四年，美國聖路易斯舉辦了世界博覽會。

在會場內販賣有冰淇淋，然而店家一直為「某個問題」感到困擾。

那就是，要怎麼回收裝冰淇淋的容器？

店家將冰淇淋裝在一個金屬容器中販賣，數量是有限的。

如果客人吃完後歸還，自然就沒有問題；但是如果有人直接把它帶走的話，就會使得容器不夠使用。而一旦容器不足，就沒辦法繼續做生意。

感到困擾的冰淇淋店老闆，看了看四周，突然靈機一動，想到了解決的辦法。

在冰淇淋店的隔壁，是一個販賣埃及點心「炸拉比」（Zalabia）的攤子。

炸拉比是一種薄脆甜餅，於是，冰淇淋店老闆請對方將它捲成筒狀，用來盛裝冰淇淋。

冰淇淋「甜筒」就這麼出現了。

據說，這就是冰淇淋甜筒誕生的祕密。

其實，這種結合兩種完全不同的東西，然後創造出新事物的方法，就是屬於水平思考法。

像這樣透過異質組合而誕生的食物，還有其他的例子。

用紙包住剛出爐的法蘭克福香腸販賣時，是因為太燙而沒有辦法用手拿，所以後來想出了，用麵包夾住香腸的做法。

結果，熱狗就誕生了。

販賣豬肉味噌湯的店，有顧客要求說「可以在湯裡加麵嗎」，最後創造出了味噌拉麵。

不只是食物，手機上附設的數位相機，也是異質組合成功的案例。這個和電話完全無關的照相功能，讓手機在移動通信的價值上，有了飛躍性的成長。

另外，還有一種將蕎麥麵店與酒吧結合在一起的餐廳，就叫做「麵吧」（そばバー）。它在白天是蕎麥麵店，晚上就成了酒吧，這種奇特的店就在東京。充滿日式風情的蕎麥麵店，換成酒吧經營時，竟呈現出一種特別的氛圍與品味，因此很受老饕的喜愛。

如何找到「意外的相遇」？

在第2章中，為了訓練大家的「抽象力」，特別介紹了思考報紙用途的練習。這個訓練，對於異質組合的創意有很大的幫助。

我們經常會受到刻板印象的強烈影響，認為每樣東西除了特定用途之外，沒有其他的使用方法了。

但是，一旦思考能擺脫束縛、獲得自由，就能產生更多組合上的創意，並創造出全新的價值。

另一個重要的東西，就是靈感力。

從冰淇淋甜筒誕生的例子就可以知道，這些異質組合有不少都是「偶然」發生的。

遇到某個場景時，能否從中聯想到那些絕妙的組合，就成了勝負的關鍵。

援用成功案例

想要嘗試異質組合時，只要先找出成功的案例，之後就會變得意外的輕鬆與容易。

首先，在日本開發出「明太子義大利麵」的，是一家叫「壁穴」的義大利麵店。這個由常客特別要求而誕生的做法，現在已經成了和風義大利麵的固定菜色了。

知道「明太子義大利麵」的人，大概都會有這樣的感想：

「原來義大利麵也可以使用日式食材啊！」

只要知道了這個「公式」，之後就可以拿來加以應用。

可以試著使用納豆、味噌和酸梅來挑戰「明太子義大利麵」，創造出更多特別的菜色。

手機和數位相機可以說也是一樣的作法。只要知道「手機＋○○」的公式，就能以此類推：

・手機＋電視

・手機＋ＭＰ４播放器

・手機＋錄音機

……延伸出各種組合。

也就是說，「只要找到最初的突破

點，之後就輕鬆了」。

或許有人會說，就是這個「最初的突破點」很難發現啊！事實上的確是如此……

組合也要看緣分

如果想讓「組合」成功，就要先找到像「手機」這樣容易搭配的素材。

但是，就算真的找到了，也不能高興得太早。因為，不是什麼東西都能「配對」成功的。

・刮鬍刀

・體溫計

・湯匙

如果手機配備的是這些東西，接受度會像數位相機那麼高嗎？

在組合的時候，只有「本質」相同的東西才能順利成功。這時，就必須要發揮自己的「抽象力」了。

「手機」之所以能和數位相機、電視、錄音機等輕易地結合在一起，是因

為它們有共通的本質，那就「使用者希望隨身搭載」的通信配備。

因此，如果是沒有必要隨身攜帶的東西，就很難組合成功。

這是進行「異質組合」時最重要的事。

記筆記能帶來靈感

只是，如果沒有「材料」，就很難找到的「良好」的組合。

這裡要推薦給大家的，就是「記筆記」。

在日常生活中，只要看到什麼有趣的事，最好馬上把它記下來。

只不過，記筆記的目的並不是要「之後再拿出來看」。

因為我們人即使再怎麼想要把一些事情「記住」，但如果採取行動的話，很快就會忘記。只要做筆記的動作，就能將一定程度的資訊輸入到大腦中。

而這些資訊，就不需要再回頭重看。

做完筆記後把它放著就可以了。這麼一來，這些資訊就會像紅酒一樣在腦中發酵熟成，當某天偶然遇到「命運的組合」時，便會從記憶深處浮現出來。

為了創造出更多精采的「異質組合」，請各位盡量多記筆記！

【案例1】賈伯斯的創新祕訣

退學後仍持續學習的賈伯斯

蘋果電腦的創始者賈伯斯，是個在電腦業界創下無數傳奇的人物。他開發出世界第一種普及的微電腦Apple II，當然，更不用說後來iPhone、iPad等眾多劃時代的商品。

現在，就來介紹賈伯斯幾個驚豔業界的「異質組合」的例子給各位！

故事要從賈伯斯的大學時代說起。

當時，他正為著某件事感到煩惱。

——自己到底是為什麼上大學的呢？

或許每個年輕人都有過類似的疑問。

賈伯斯也一樣，雖然他考上了大學，卻因為找不到目標而苦惱。一般人可能就此拿到學位，畢業後找家好的企業就業。但賈伯斯卻對學位本身就抱持著疑問。

結果，最後找不到答案的賈伯斯，大學只讀了六個月就休學了。休學後，賈伯斯卻採取了怪異的行動。

既然選擇了休學，一般人可能會想：「讀書太浪費時間了，還是趕快找個工作吧」！

但是賈伯斯偏偏和別人不一樣。

「終於不用為了畢業而去上那些無聊的必修課了，我要上自己喜歡的課。」

儘管賈伯斯是自己主動休學的，卻還是繼續在大學中「潛水」，並對美術字體那一門課產生了興趣。

美術字體，是一種使用專用筆，以各種優美字體書寫羅馬字母的技巧。這在日本被稱為「西洋書法」。

賈伯斯不是因為這堂課對自己的未來有所幫助，才去學習的。他只是單純地感到有興趣而已。

電腦與書法的邂逅

之後，賈伯斯便開始投入個人電腦的開發領域當中。為了販賣名為Apple的電腦，他在一九七六年與沃茲尼亞克成立了蘋果電腦公司。

如同後來眾所周知的小故事，蘋果電腦最初發跡於賈伯斯自家的「車庫」。

一九八四年，賈伯斯開發出現代電腦的雛形「麥金塔」。

此時，他忽然想起了大學時期學過的美術字體。

「如果電腦也能使用各種字體，那一定很有趣！」

賈伯斯便將這個夢想寄託在全新的電腦上。

當時的電腦螢幕，只能機械式地顯示出單調的字形而已。

當時的紙本也只是以人工鉛字印刷為主流，因此沒有人想過可以自由選擇字體。

在那樣的時代背景之下，個人電腦竟然可以使用複數的字體，實在是個創新的發明。

自古就存在的羅馬字體與最新科技的電腦。

平常不可能在一起的組合，因為賈伯斯一時興起選修的課程，而誕生了這樣全新的創意。

他在美術字體課程中學到的文字間隔及字體組合的相關知識，這些後來都在開發麥金塔的字形時發揮了出來。

賈伯斯曾在史丹福大學的畢業典禮中，發表過一段知名的演講，當中有這麼一段話：

「你們無法預知未來，只能在回顧時將它們串連起來。因此，你們必須相信這些點滴，總會以某種形式在你們的未來串連起來。」

過去所發生的事，分開來看，或許是一個又一個孤立的「點」。但是，當那個「點」越來越多，某一天很有可能就會和別的東西結合成一條新的「線」。

賈伯斯大概是世界上最能體會這件事的人了。

這裡是重點！ **最尖端的電腦，引入了傳統的美術字體的創意。**

【案例2】獨特咖啡店的成功秘密

誕生於名古屋的漫畫咖啡店

前面舉了「手機」作為適合異質組合的例子，其實類似的還有「咖啡店」。

如果提到「○○咖啡店」，大家首先想到的應該就是漫畫咖啡店吧！

漫畫咖啡店的發源地，據說是在日本名古屋。

它在一九七〇年代似乎就存在了，但哪家店才是元祖，卻是眾說紛云。

或許是喜歡漫畫的店主，將自己購買的大批漫畫放到店裡，才演變成後來的漫畫咖啡店吧！

另外，有些人可能不知道，名古屋的漫畫咖啡店是會提供免費「零食」的。中午之前則有「早餐折扣」，只要點一杯咖啡，就會附贈一份吐司或三明治。因為具有這樣的地方特色，這裡的漫畫咖啡店競爭非常激烈，想要在眾多店家當中存活下來，並不是一件簡單的事。

漫畫咖啡店就在這樣的背景下誕生了。

將計時制導入喫茶店的田中千一

將原本的漫畫咖啡店改成包廂式，成功轉形為複合式咖啡店「自遊空間」的，是熊本縣出身的企業家田中千一。

他旗下的店最特別的地方，就是收費是採計時制的。

咖啡店本來是靠飲料及食物賺錢的。只不過，如果客人點一杯咖啡就坐很久，那麼就算整個店客滿，也賺不了多少錢。

於是，田中千一就想，或許可以改採停車場那樣的計時收費方式。

一開始的基本費為三十分鐘兩百八十日圓，之後每十五分鐘收費一百日圓。

這麼一來，就算客人坐下來就不走了，也同樣會有收入進帳。

女僕咖啡店和寵物貓咖啡店的共通點是？

像「○○咖啡店」這樣的模式，還有各式各樣的類型。

例如，從秋葉原開始風靡全日本的「女僕咖啡店」。

穿著女僕裝的服務生站在門口，對顧客喊道：「主人，歡迎回家！」這個特殊的做法在日本引起了話題，之後更誕生了執事或男裝麗人（女扮男裝）等類似的模式。

只不過，真正（？）的女僕本來就要負責服侍及勞動，因此轉型成咖啡店服務生，似乎不算是「異質組合」。

它們之所以會引發熱潮，主要是因為「咖啡店＋女僕」這個組合，具有意想不到的驚奇效果。

其他還有奇特的「英語會話咖啡店」。

它的賣點就是「可以邊喝茶邊學英文」，很多希望能和外國人輕鬆聊天的顧客，便經常會利用這個場所。

同樣結合「興趣」模式的，還有「編織咖啡店」。顧名思義，就是一邊編織東西，一邊快樂喝茶的店。編東西時，大部分的人都是默默地揮動棒針，可以說是非常個人行為的活動。

因此，編織咖啡店為這些擁有相同興趣的人，提供了一個「交流」的場所。在這裡，可以請別人看一下自己的作品，或學習其他人的技術，因此來店的顧客自然就會變成常客。

這也許就是成功的原因也說不定。

另外，還有可以和動物親密接觸的「貓咖啡店」或「兔子貓咖啡店」，也是咖啡店和其他東西異質組合的例子。

這些店因為受到了家裡不能養寵物或喜愛動物的客人歡迎，而店家數量不斷增加。咖啡店原本的功能，只是單純地喝茶的地方。但是，藉由與完全不同事物的組合，卻改變了附加價值，創造出了全新的咖啡店模式。

這裡是重點！

將咖啡店與其他不同事物結合，創造出了全新的價值。

SUMMARY

「異質組合」成功的祕訣——

那就是，盡可能地去累積更多組合的材料。只要分母越多的話，就更能擴展組合的可能性。

像【案例 1】的賈伯斯那樣，即使不知道對未來到底有沒有幫助，仍積極地去接觸各種有趣的東西。

這麼一來，一旦遇到「偶然」的機會，你腦中的天線就會自動運作，產生令人意外的化學反應。

再者，就像【案例 2】那樣，尋找一個容易異質結合的主要素材就行了。

雖然，創造全新的事物並不是一件簡單的事。但是，如果只是將既有的東西拿來加以組合，難度就會大大地降低。

之後，端看你能否發現足夠驚奇的創意了。

或許，有人會批評你的創意，只不過是「排列組合」而已。

他們會因為那不是你獨自的創意，而覺得你很「投機」。

但是，那些批評都是錯的。

因為要找到最佳的異質組合，也需要獨特的創意。

請磨練出不輸給任何人的組合能力吧！

COLUMN 5 水平思考力的練習
廣告重組

有許多東西可以拿來練習「異質組合」。

例如，雜誌。在隨手翻閱雜誌時，將看到的單字拿來排列組合；或是在選擇電視頻道時，將每個閃過眼前的影像拿來組合。

「廣告」也是很有用的練習工具。搭捷運時偶然看到的海報或廣告內容，可以試著和其他海報或窗外閃過的廣告做組合。

雖然可能幾乎是沒有用處的組合，但是，在不停的練習之下，有一天或許就會獲得令人驚嘆的創意。

第
6
章

掌握先機的先機

不追求眼前的利益

水桶和輸水管線

在《富爸爸，窮爸爸》（羅勃特．T．清崎著）這本書當中，介紹了一個這樣的故事。因為有點長，這裡就只摘出重點。

這是關於某個村落「水源」的故事。

那個村子每次只要久沒下雨就會缺水，因此村裡的長老們開始徵求每天去水源處運水的人。

這時，有一個叫艾德和另一個叫比爾的人自告奮勇。

長老們便和他們簽了合約。

艾德立刻帶著水桶，出發到一公里外的湖泊開始努力挑水。他把運來的水倒入村子裡的水泥貯水池，馬上就拿到當天的運水費。

而比爾則在簽完合約的第二天，便消失了蹤影。

競爭對手消失了，最高興的就是艾德。

但是半年後，比爾帶著建築作業員回來村裡，在一年後建好了從村子連到湖裡的管線。

比爾從一開始就沒有打算和艾德競爭。

相反地，他想出了一個投資計劃，並且找到投資人，開始一步步地建造輸

水管線的工事。

只要設置好管線，就能開始穩定地供水。

比爾向村民強調這一點，並且表示這個供水服務的費用，只有艾德運水費的四分之一。

村民們當然全都一窩蜂地選擇了比爾所提供的服務。

艾德雖然急忙地調降了費用，還增加了水桶的數量及運水的人手，但是卻沒有任何效果。

另一方面，比爾則重新製定自己的計劃，去其他有相同困難的村子販賣自己的這套系統，因而獲得了大大的成功。

最終只要能獲得利益即可

這一章的主題是「掌握先機的先機」。

所謂「掌握先機的先機」，就是預測將來的走勢，事先採取對策，最後獲得成功（利益）。

看到這裡，或許有人會覺得「這是廢話」，但上述句子中的重點卻是「最後」這兩個字。

為了達成目的，必須付出心力與金錢。

有時候，在獲得利益之前會有所損失。但是，只要「最後」獲得的利益大到可以抵消之前所有的心力及成本，那麼一切就值得了。

以前面那個故事為例，比爾在設置輸水管線時，必須要付出相對的時間及資金。

但是，只要管線建構完成，就不必再用水桶挑水，還可以穩定供水。

比爾一開始就發現了這件事。

就算達到目的之前必須付出某種程度的成本，但只要完成管線，那麼很簡單地就能回收回來。

甜甜圈店之所以這麼多人排隊的原因

這裡再介紹另一個例子。

一般來說，開店的時候，會發傳單宣傳讓更多人知道。

但是，最近就算發傳單，也幾乎沒有人會拿。即使花了印刷費及發放傳單的人事費，結果還是得不到什麼大的效果。

那麼，一間完全沒有名氣的店，要怎麼做才能提高知名度呢？不只如此，還要讓顧客對這家店產生好感，進而推薦給別人，那又該怎麼做？

有一間「Krispy Kreme Doughnuts」的甜甜圈專賣店，完全不靠傳單或誇張的宣傳，就解決了這個問題。

他們到底採用的是用什麼方法呢？

答案是：免費發送甜甜圈。

而且發送的方式還不是每人一個，而是每人一盒（十二個）。

為什麼要這麼做呢？

首先，光只是將一整盒甜甜圈發給過路的人，這個宣傳就夠醒目了；況且還是免費的，大家一定會馬上搶著來排隊。

再加上，他們選在中午的時候發送甜甜圈。

目標是午休時從公司出來用餐的上班族們。

拿到一盒甜甜圈的上班族們，之後回到了辦公室。因為才剛吃完午餐，一個人大概最多也只能吃到兩、三個甜甜圈。

那麼，剩下的該怎麼辦呢？

就算想要帶回家，盒子卻有點太大了，最好的辦法就是分給辦公室裡其它的同事。

然後，辦公室裡就會出現這樣的對話。

「怎麼會有這個甜甜圈？」

「路上發的，一整盒，還不用錢。」

「真的假的？哪家店啊？」

分到甜甜圈的人，自然會想打聽店家的消息。

據說，當天下班時，甜甜圈店門口就排了長長的隊伍。

這家店對在門口排隊的顧客，

也每天提供一個免費的甜甜圈試吃。店家這麼慷慨大方，相信沒有人會對他們有不好的印象。

而那些在門口排隊的人，想必會與別人分享自己這次的經驗。

像這樣，不斷地經由大家的口耳相傳，每天甜甜圈店前開始排起了長長的人龍。

這也是「掌握先機的先機」的成功案例。

一般人都會認為：「免費把賣錢的甜甜圈當贈品送，太浪費了」。

但是，想到這個宣傳手法的人，不只是看到眼前的損失，更是確信這個方法最後一定會讓他們的店前有大排長龍的顧客。

從終點逆向思考

我們經常被眼前的事物所迷惑。

但是，重要的並不是眼前的這一步，而是十步之後。

大家可以想像一下黑白棋這個遊戲。

不管吃掉對方多少的棋子，最後都不見得會贏。但是只要搶先佔據四個角落，最後就能反敗為勝。道理是一樣的。

掌握「先機」的人，他看的地方和別人完全不一樣。因此，他們所做的事，常令旁人一頭霧水，覺得莫名其妙。

就像前面的例子，比爾突然從村裡消失，艾德和村民們就完全不能理解他的行動。

但是，比爾則是早就預見行動的最終目標，會帶給他什麼樣的成果了。在這裡，重要的是「最後會得到什麼樣的結果」這樣的思考角度。

比爾在決定牽管線之前，一定是事先思考：「怎麼樣才能不必往返湖邊及村子，就能取到水呢？」

而「Krispy Kreme Doughnuts」的例子，也是一開始就專注在讓更多人光顧甜甜圈店這個目標，才敢採用那麼大膽的宣傳手法。

順道一提，艾德那個「缺水就用水桶去提」的想法，就是屬於邏輯思考。而比爾打算設置輸水管線的想法，則是屬於水平思考。

當然，這兩種思考法都沒有對錯。

差別只在於用自己的力量去挑水，或是想辦法找出不必自己運水的方法而已。

那是正確的目標嗎？

說是「掌握先機的先機」，但現實不一定會照著我們所「預測」的那般進行。

手機是一九九〇年代初期開始普及的。

當時，美國的電子通訊大廠摩托羅拉（Motorola Inc.）提出了「銥計劃」（Iridium）。

那是藉由建構人造衛星網絡，進而為全球提供手機服務的計劃。

它最大的賣點，就是不必依賴地上的通訊設備，因此就算在沙漠、海

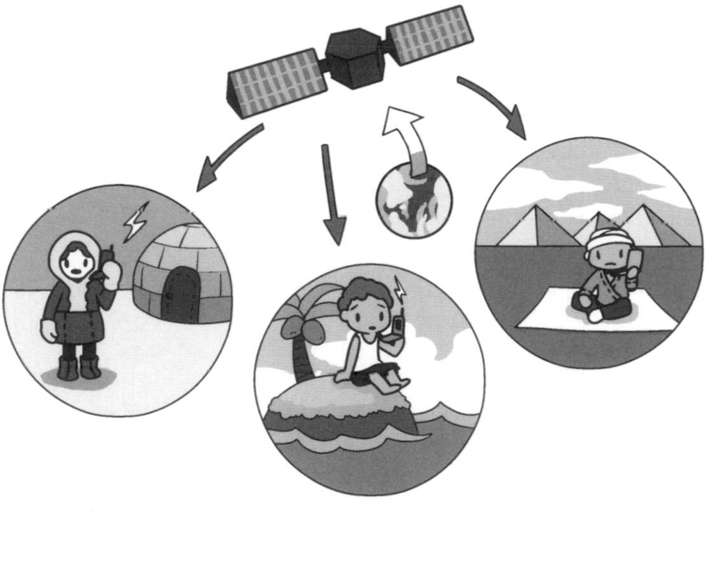

洋或南北極，隨時都可以通話。

這是個劃時代的構想，計劃發表當時，媒體做了大幅的報導，同時受到全世界的矚目。

但是，過於昂貴的費用，讓他們的使用人數一直無法增加。

摩托羅拉最後在二〇〇〇年宣布終止這項計劃。

「銥計劃」之所以失敗，和另一種移動通訊系統的急速發展有著很大的關聯，它類似於現代手機通訊方式的前身。

這個通訊系統讓費用變得更便宜，大部分的使用者不再需要衛星電話。

「讓全世界各處都能通話。」

這個想法的初衷是沒錯的。

雖然方向正確，但「行走方式」也可能會出錯。

像這樣，「錯判先機」的案例，其實，超乎想像地多。

【案例1】賭上未來需求的松下幸之助

賣不出去的新產品

這是松下電器（現 Panasonic）的創始者松下幸之助，在販賣自行車燈時的小故事。

那是昭和初期（一九二六年～）。

當時，自行車算是平民的「代步工具」，由於從前不像現在有那麼多的路燈，因此在夜間騎車時一定要裝備自行車燈。

但是，那個重要的自行車燈功能卻很差，不但頂多只能亮個幾小時，還經常故障，可以說很不好用。

這時，松下幸之助製造出了可以長時間照明的「電池式車燈」。

沒想到，這個商品卻賣得很差。原因在於人家對於自行車燈，還是深深停留在「經常故障」的印象。

松下幸之助認為「自己的商品絕對沒問題，只要好好說明應該會賣」，便一一去拜訪店家，熱心地推銷自己的商品。

實際看到商品就能了解

但是，人手很快地不夠用了。

雖然有好幾個人在推銷商品，但是如果每間店家都要去拜訪，實在很花時間。

松下幸之助便想透過經銷商來統一販售。

只是，如果要統一販售，首先就需要讓大眾了解他們的商品才行。

如果是一般人，可能就會大發傳單做廣告，但松下幸之助卻想直接贈送車燈。

「我們的商品這麼好，就讓大家親眼見證。這樣他們就能知道它有多棒了。」

他是這麼思考的。

獲得一萬顆免費電池

他送出去的車燈足足有一萬個。

這個車燈算是高價商品，如果送出了一萬個卻沒有因而能獲得訂單，公司可能馬上就會倒閉。

再加上，這個計劃還有另一個問題。

那就是維持這一萬個車燈所需要的「電池」。

他們缺乏預備這些電池的資金。

正當所有人都覺得萬事休矣時，松下幸之助卻採取了某項行動。

他和電池製造公司的社長交涉，希望他能夠免費提供一萬顆電池。

相對地，他保證可以在八個月內幫他們賣掉二十萬顆電池。如果到時沒有辦到，他會掏腰包買下這一萬顆的電池。

聽起來雖然很冒險，但是只要車燈能大賣，那麼替換的電池自然也會跟著大賣。

松下幸之助對自己的商品抱著絕對的自信。

結果後來，還不到一年，實際就賣掉了四十七萬顆電池。

據說電池公司的社長還激動得送了一張感謝狀給松下幸之助。

這裡是重點！

確信車燈會大賣，免費獲得了一萬顆電池的贊助。

【案例2】看到未來世界的愛迪生

讓電燈實用化的愛迪生

第二個例子，是發明大王愛迪生的故事。

愛迪生可以說是水平思考的達人。

雖然很多人都以為「發明」電燈的是愛迪生，但其實最初發明電燈的是英國人的威爾森．史旺（Joseph Wilson Swan）。

不過，威爾森的燈泡只能維持十到四十小時，但是比起蠟燭的時間卻長很多，因此十分受到重視。

愛迪生當時也在進行電燈的實驗，他使用日本竹的炭化竹絲當作燈絲的材料，一口氣將燈泡的使用壽命延長到一千個小時以上。

愛迪生所改良的白熾燈泡，和現代燈泡的壽命已經相差無幾。

就像在內文第2章所提到的亨利・福特，他將原屬於一部分有錢人嗜好的汽車大眾化，愛迪生也同樣將燈泡成功改良成了實用化的商品。

愛迪生看到的「電燈普及後的世界」

不過，為什麼愛迪生這麼執著於要將電燈實用化呢？

這是因為，他看到了「電燈普及後的世界」。

只要電燈能成功實用化，就會有大批的人想購買。

一般人可能會想：「這麼一來，製造燈泡絕對就能大賺一筆！」

但愛迪生的思考不一樣。

他想的是，如果電燈大賣了，就會需要更多的「電力」。

那麼，乾脆來創立一間電力公司吧！

只要電力公司賺錢了，就能獲得更多的研究費用，他就能更隨心所欲地進行自己最愛的實驗了。

於是，愛迪生設立了發電站開始供電。當然，供給電力的發電機也是愛迪生的發明。

之後，電燈開始迅速普及，電力的需求大增，愛迪生的發電站大大地成功。

愛迪生的預測完全實現了。

這裡是重點！ **想像一下發明普及後的世界。**

【案例3】選擇更大利益的喬治・盧卡斯

用導演酬勞來換取的東西

另一位不被眼前的蠅頭小利所迷惑，因而在未來獲得更大利潤的人物，就是以《星際大戰》（*STAR WARS*）系列聞名全球的導演喬治・盧卡斯（George Lucas）。

當時，盧卡斯找上二十一世紀福斯影業（發行公司）合作《星際大戰》。他向福斯公司提出了一個要求。

電影公司可以大幅刪減他的導演酬勞，用來換取《星際大戰》相關的所有版權。

就福斯來說，如果可以減少導演費用，那當然最好不過了，因此爽快地答應了盧卡斯的要求。

爆炸性大賣的周邊商品

電影終於完成了。

當初，福斯對這部電影完全不抱期望。他們認為這只是一部「小眾市場的科幻電影」，不但上映戲院寥寥無幾，演員卡司也不甚有名。

但是……沒想到電影竟然大受歡迎。《星際大戰》獲得了破紀錄的成績，瞬間打破了票房紀錄。

隨著電影的成功，有樣東西也跟著瘋狂熱賣。

到底是什麼呢？

那就是「周邊商品」。

盧卡斯對《星際大戰》的所有權，包括了周邊商品。

當時的電影界，對於電影本身以外的利潤沒有什麼概念，福斯身為發行公司，也不太重視版權。

《星際大戰》周邊商品所獲得的龐大版權費，早已大大超過了之前所放棄的導演酬勞。

每個周邊商品的價格都不高。

但是，就算單個商品很便宜，如果全世界的每一個人都購買的話，就能獲得莫大的收益。

盧卡斯藉由這龐大的收益，奠定了「盧卡斯影業王國」雄厚的基礎，更獲得了自由製作電影的權力。

這裡是重點！

不被眼前的蠅頭小利迷惑，最終換來龐大利益的權利。

SUMMARY

要成為「掌握先機的先機」達人，就要在行動之前，不只看到結果，更要看到結果所帶來的「後續效應」。

以【案例 2】的愛迪生為例，可以看到這樣的趨勢：

發明電燈→實用化→大量生產→需要電力供給。

這裡如果只考慮電燈發明後的「結果」，頂多只能預測到它最後會成為普及的商品。

但若能更深一層地去思考電燈普及後「會產生何種效應」，就會注意到「發電站」這樣更高利潤的行業。

磨練「假設力」也是一件很重要的事。

盡量從「如果……」「假設……」的角度去思考，努力讓想像到達更高更遠的地方。

像【案例 3】中的喬治．盧卡斯，他在還不知道結果的時候，就已經在思考「如果電影大賣」之後的效應了。

或許在他的想像中，看到了孩子們人人手拿《星際大戰》周邊商品的畫面也說不定。

只要看到了「一定會成功」的未來藍圖，就不要猶豫，全力向前衝吧！

因為你所看見的，是旁人看不見的風景。

即使周圍沒有人理解，但總有一天，「成功」會證明你的預測是正確的。

COLUMN 6 水平思考力的練習
預見未來的想像訓練

這是訓練如何預測「下一步」的練習。

在閱讀報章雜誌時，找出各種新商品、新服務及新制度的報導。

然後，開始思考它們會帶來什麼樣影響。

新商品會怎麼改變消費者的心理？

新服務會受到哪一種人的歡迎？

新制度又將會對社會產生何種的影響？

只要將視野放到未來的未來，就能看到別人都沒注意到的新發現。

第7章

不丟棄「無用之物」

無用之物真的「無用」嗎？

「無用」出自於目的

莊子曾說過：「無用之用，是為大用。」

車輪中間鑽開的「空洞」。器皿或房間裡的「空間」。這段話描述的是，這些乍看之下是「無用之物」的東西，實際上卻是不可或缺的。

世人眼中的「無用之物」，或許其實是必要的。那也是本章要說的主題。

不過，大家是否曾經思考過，為什麼會出現「無用之物」呢？

那是因為有「目的」的存在。當「目的」很明確的時候，與其不一致的東西全部都會變成了「無用之物」。譬如說，企業是以「提高利益」為第一目的，因此，只要得不到利益的東西，全都會被視為是無用之物。

・賣不出去的商品

・不工作的員工

・麻煩的服務

在「提高利益」這個目的的前提下，這些全都是無用之物。

那麼，是否應該直接丟棄這些「無用之物」呢？

邊緣者才能製造突破口

在這裡，我們來觀察一下螞蟻的世界。

只要仔細研究螞蟻軍團，就會發現很多有趣的事。其實，螞蟻的「工作方式」可以分成以下三種：

・拚命工作的螞蟻

・普通努力的螞蟻

・完全不工作的螞蟻

這個比例大約是2：6：2。

那麼，如果拿掉其他螞蟻，只留下那20％「拚命工作的螞蟻」的話，情況又會變得如何呢？

結果會變成只有「拚命工作的螞蟻」的王國嗎？……不會，只會從剩下來的20％再分裂成拚命工作的螞蟻（20％）＋普通努力的螞蟻（60％）＋完全不工作的螞蟻（20％）。

因為，除了拚命工作的螞蟻之外，其他螞蟻並不是完全無用的。

我們試著將螞蟻軍團引導進一個圓形軌道。

由於螞蟻都是緊跟著前一隻同伴前進，最後牠們就會開始繞圈。圓形軌道是沒有「終點」的，因此螞蟻會不斷地一直前進。

但是，突然有一隻螞蟻脫離了這個軌道。牠脫離了毫無變化的軌道，成了新道路的開拓者。這個開拓者就是「完全不工作的螞蟻」。

如果把這隻螞蟻當成「無用之物」而丟棄，不知道這群螞蟻會繞圈繞到什麼時候呢……

從廢物中誕生的靈感力

在水平思考中，「無用之物」也是不可或缺的東西。一般來說，大家都不想要沒用處的東西。因此，重視「效率」的邏輯思考，就會盡量排除無用之物。但是，想法不受限制的水平思考，卻非常歡迎「無用之物」。

在第2章內容當中，曾提到水平思考最需要「靈感力」。而靈感力就是一種將偶然發生的事或看到的物，與其他物結合，並創造出新價值的能力。

這個能力，如果缺少了「非急需的資料庫」（＝無用之物），根本就無法發揮。

即使看起來完全無關，但只要能發揮異質組合（參照第5章）的能力，就能為無用之物找到新的價值。

例如，「雪」。

在北國，一到冬天就會下大雪。雖然可以除雪，但那些被「除」掉的雪要集中到什麼地方，又是一個大問題。從前，位在札幌市中央的大通公園，就是街道積雪的集中處。

這些積雪在融化之前都被大家視為是麻煩的東西，所以只能把它們集中到廣闊的地方。

直到一九五〇年，札幌市的國高中生們利用這些廢棄的雪堆製作了六尊雕像。這次的小插曲，最後卻演變成了日後著名的「札幌雪祭」。

往年的二月，都是北海道觀光客銳減的淡季，因此雪雕成了札幌市重要的觀光資源。

本來被視為燙手山芋的廢棄積雪，變成了有價值的「觀光重點」。直到現在，甚至演變成因為雪量不足，無法做雪雕，而特地從日本各地運來積雪的狀況。

另外，目前被世人認為希有的「黑真珠」，也是垃圾變黃金的例子。

黑珍珠，顧名思義就是通體黑色的珍珠，是一種主要在大溪地的「黑蝶貝」才能採到的罕見珍珠。

其實，一開始這個黑珍珠是乏人問津、完全不受重視的東西。畢竟在大家心目中，還是強烈抱著「珍珠＝白色」這樣的印象。

但是，有一個人卻注意到了黑珍珠的價值。

他就是著名的「珍珠王」薩爾瓦多・阿賽爾（Salvador Assael）。

阿賽爾和紐約的珠寶商交易，將黑珍珠定下驚人的高價，展示在紐約第五大道的商店櫥窗裡。同時在最高檔的時尚雜誌上刊登了全頁廣告，畫面裡有一堆用鑽石或紅寶石鑲嵌的飾品，襯托著一串大溪地黑珍珠。

之後，在紐約的名媛間開始出現了搶購黑珍珠的熱潮。

古猶太人有一句諺語：「去吃不到蘋果的地方賣蘋果」。就算是再平常的東西，只要換個地方、換個方式，也許就能創造出新的價值。

放置紅色沙發的理由

還有這樣的例子。

這是一家知名家具店的宣傳方式。

那家店會在門口擺一張紅色沙發做展示。但是據店家說，那張沙發一次都沒有賣出去過。而且，那張沙發是販賣的商品，價格也沒有特別高。那麼，為什麼要在店門口展示那樣的商品呢？如果換上暢銷商品的話，應該更能提高銷售量吧？

其實，店家也知道那個沙發賣不出去。但他們之所以還是繼續展示沙發，其實是有「原因」的。

當路過的人看到店門前展示的紅色沙發，會出現這樣的想法。

「真希望可以住在有這種沙發的房子裡……」

然後就忍不住被吸引進家具店裡。

但是進到店裡後想想，又會覺得在家裡放這張紅色沙發有點太誇張了。

雖然會因為和房間不搭而放棄紅色沙發，但

想買沙想的欲望卻沒有消失。

幸好（？）店裡也有顏色比較低調的平價沙發，因此，來店的客人最後會依現實生活的需求來判斷，選擇普通的咖啡色。

也就是說，雖然紅色沙發屬於完全賣不出去的「滯銷品」，但卻成了讓家具店產生特色的「吉祥物」。

不需要的人，真的不被需要嗎？

我們經常將人區分為「需要」和「不需要」，但這樣非黑即白的二分法，總覺得有點浪費人才。

其實，只挑選優秀人才組成少數的菁英組織，並不會讓一切都順利。將其他人全部排除，只留下優秀的人，會讓全體組織的失去平衡，反而得不到好的效果。此外，只留下最低限度的人，要是發生了什麼問題，就沒辦法緊急處理，需要更多人手才能解決。

有時候，某些「不工作的人」其實具有潤滑的功能。如果沒有這個人，整個組織就會變得過度緊繃，而完全無法放鬆。此外，人數越多，看事情的角度就會越多元。

一百個人中九十九個人都沒發現的事，也許那第一百個人就會發現。

這在前面舉出的螞蟻例子中已經說明過了。

不過，這裡並不是在鼓吹無限制地留置人才，只是想告訴大家，某些被認為不需要的人，或許可能想出改變組織命運的創意也不一定。

天生我才必有用。就像汽車的方向盤需要「空檔」才安全，組織也需要「空檔」才能運作。

【案例1】將垃圾變黃金的淺野總一郎式商業

水和竹筍皮也能賺錢

就像前文所介紹的松下幸之助和賈伯斯，在知名大企業的創辦人當中，也有很多水平思考的達人。淺野總一郎就是其中之一。

淺野是日本水泥（現太平洋水泥）的前身——淺野水泥的創辦人，他親手創建了整個淺野財團。

不過，他成功的道路並不是那麼平順。他在自己家鄉富山縣，也是經歷了多次的事業失敗，損失不少錢。

淺野負債累累，逃難似的來到了東京，卻在這裡找到了垃圾變黃金的祕密。

一開始是「水」。淺野在免費取得的井水中加入砂糖，當成「御茶水的甘泉」販賣。沒想到這個商品竟然頗受到歡迎，讓他小賺了一筆。

接著，淺野把目標放在農家丟棄的竹筍皮上面。他用「御茶水的甘泉」賺來的錢當成本，買下這些竹筍皮，開了「竹皮屋」。

當時是明治初期，人們多用竹皮來包裝點心及壽司，因此竹皮的需求不少，他的事業漸漸步入軌道。

公共廁所是生金蛋的母雞？

之後，淺野更採取了一個驚人的行動。他向橫濱市表示自願整頓市內的公共廁所。

當時為了推動都市環境的近代化，橫濱市的公共建設急需整頓，但是卻缺乏資金。

對於想整頓市內卻苦無資金的橫濱市來說，淺野的提議簡直是解了他們的燃眉之急。原本是他們該做的公共建設，現在由淺野代替他們解決了。
不用說，橫濱市自然是接受了他的提案。
只是，淺野為什麼要這麼做呢？
其實他真正的目的，並不是要幫橫濱市整頓公廁。
他將公廁中的水肥，當成肥料賣給了農家，等於獲得了一間名為「公廁」的肥料工廠。
之後，淺野又注意到了「焦煤」。焦煤是煤炭燃燒之後剩下的渣滓。
淺野知道焦煤其實是很好的燃料，他以低到幾乎等於不用錢的價格，買下橫濱市營天然氣公司的焦煤，賣給水泥工廠做為製造水泥時的燃料。
對橫濱市來說，焦煤本來就毫無用途，要處理也是一件麻煩事，因此他們當然大大地歡迎。同時，水泥工廠老闆也十分感謝淺野。
淺野只是把「無用之物」轉賣給需要的人而已，不但獲得了所有人的感謝，他自己更得到了龐大的財富。

這裡是重點！

垃圾賣對人，也能變黃金。

【案例2】因為「不想浪費」而獲得諾貝爾獎

挑戰不可能的實驗主題

二〇〇二年，田中耕一榮獲諾貝爾化學獎，是日本第四位諾貝爾獎得主。

田中畢業於日本東北大學工學院電氣工程系，之後進入生產科學測試儀器的京都島津製作所當工程師。

他得獎時並沒有博士學位，只是普通的「研發工程師」，因此受到了國內外的矚目。他穿著工作服到記者會現場的畫面，相信許多人還記憶猶新。

讓他得到諾貝爾獎的研究，其實和「無用之用，是為大用」這句話有關係。

據說研究契機，是因為製藥公司的人跟他抱怨：「藥劑的分子太大，沒辦法分析。」

實際上，在當時的一九八〇年代中期，像蛋白質這樣的生物大分子是無法進行質譜分析的，因為它一下就會被破壞。因此，田中開始尋找讓生物大分子不被破壞並能分析的方法。

為了挑戰這個「不可能」的任務，島津製作所開始開發使用雷射的「飛行時間式質譜儀」。

下面，簡單說明「飛行時間式質譜儀」的原理。

首先，使用高能量的雷射照射物質。

當物質吸收雷射能量，便會產生超高溫，進而電離。然後，將帶電離子在一個真空室中加速射出，測量其落地前所需的飛行時間。

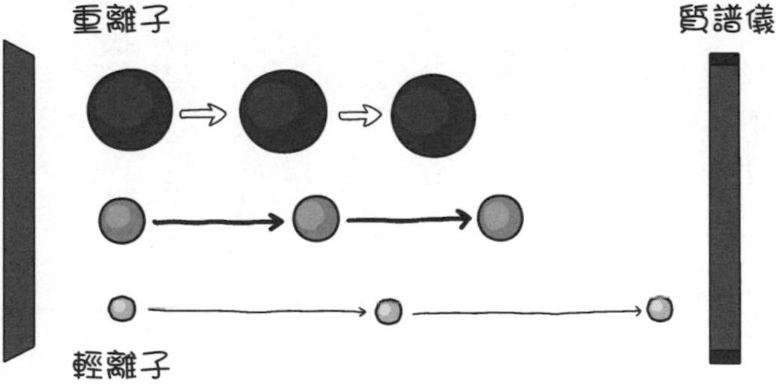

飛行時間越短，離子的質量就越輕。

因為「不想浪費」才順便測試一下

問題是，當物質直接受到雷射照射，分子就會被立刻破壞。

於是，田中的研究小組開始著手進行防止分子被雷射破壞的研究。

他們提出一個假設，如果在物質中加入金屬微末再給予雷射，或許可以在不破壞分子的情況下，完整分離出生物大分子。

他們進行了多次實驗，卻無法讓金屬微末與物質完美融合，最後必須加入有機溶劑。

田中的研究小組，在實驗中使用了容易氣化的丙酮（Acetone）。

某天，田中在維生素B_{12}的離子化實驗中，不小心將原本要加入的鈷金屬粉末，錯放成了甘油。甘油是黏性液體，所以在加錯的瞬間，田中就發現了。

實驗失敗了。

但是，田中沒有將失敗品丟棄，反而因為「不想浪費」，就順手將它拿來測試。

他個性急躁，一心想早點知道結果，甘油都還沒乾燥，他就將它放到雷射下照射。

這時，意外的結果發生了，質譜儀竟然成功地將維生素B_{12}離子化。

實驗成功了。這就是獲得諾貝爾獎的「介質輔助雷射脫附離子化」（matrix-assisted laser desorption ionization, MALDI）誕生的一刻。

這次的成功有幾個重要的因素。

田中是電氣工學專家，對化學一知半解，所以對實驗抱著「就算失敗了也沒關係」的輕鬆態度。更因為他不懂化學常識，不會被主觀意識所影響，或許是實驗成功很大的原因。

但是，最重要的是，他達到了「無用之用，是為大用」的境界。

如果當時他就這樣把失敗品丟了，這輩子大概就和諾貝爾獎無緣了。

據說，那個「太浪費了」，是田中祖母的口頭禪，從小就記在他的心裡。

這裡是重點！ **就算是失敗品，也有嘗試的價值。**

SUMMARY

【案例 1】，拿誰都不想要的「無用之物」，並為它們付予新的價值，因而獲得利益。

看了這個例子，就會明白物體的價值是「相對」的。

無論是井水、水肥或焦煤，對大多數人來說都是沒有任何價值的東西。

但是，需要的人卻會花錢把它們買下來。

東西的價值，取決於看的人。

只要懂得用不同的角度去看，說不定就能發現幫你輕鬆賺錢的水平思考式創意。

另外，【案例 2】則是偶然用失敗品（＝無用之物）做實驗，卻因此獲得成功。

你可以說那只是個偶然。

但是，如果不是田中具有強烈的好奇心，也不會遇到這個偶然。

「永遠保持好奇心」！

這也是成為水平思考達人的重要條件。

COLUMN 7 水平思考力的練習
無用之物組合

一到收垃圾日的前一天，垃圾集中處就會堆滿各種東西。這時可以去嘗試思考，那些垃圾會不會有人需要。

不是單純地去想「修理好再利用」，而是去思考，它們是否有別的不同於原來的用途。

例如，舊輪胎可以當作幼稚園的玩具、保麗龍可以拿來當狗屋的隔熱材、高爾夫球桿可以拿來當防身道具………

第
8
章

由負變正

在「不可能的地方」尋找隱藏的寶物

放棄之前先轉換想法

世界上有很多無法輕易改變的不利條件及制約。

・時間不足
・人力不足
・預算不足

但是，如果一心只想著「沒有這個」、「沒有那個」，就因此而放棄，最

後只會一事無成。

重要的是，在放棄之前先轉換自己的想法，試著從現有的東西當中找出「隱藏的價值」。

為「瑕疵」賦予積極意義

在第2章內文當中，介紹了「質疑力」、「抽象力」及「靈感力」這三種能力。想要「將不利轉為有利」，這三者缺一不可。

特別是第一個「質疑力」。

有些時候，原本以為是缺陷的地方，在改變觀點之後，缺陷就會消失。有時還可能會發現，其實只有自己認為那是缺陷，對其他人來說那反而是優點。

大家知道「瑕疵品」吧？

那是由於「形狀很醜」、「品相不一」等各種原因，無法視為是合格商品拿去販賣，像切邊的NG蛋糕或破損的明太子等，就是完美（？）的瑕疵品。

像這樣的「不良品」，明明和合格品同樣美味，卻因為外觀不好看，就遭到淘汰。

「瑕疵品」因為形象不佳，所以價格比合格品便宜許多。

像蔬菜、水果等生鮮，如果品相參差不一，反而讓消費者有「沒有過度人工管理＝安心、安全」的印象。結果就是，最近甚至刮起一股「瑕疵品反而暢銷」的逆轉旋風。

這是直接將缺陷當成賣點，進而促銷成功的案例。這也是因為有人勇於質疑「缺陷就該遮掩」的常識，才能獲致如此令人意想不到的結果。

變形小黃瓜的本質是？

「抽象力」同樣也具備重要的地位。

所謂抽象化，就是看清事物「本質」的能力。

譬如說，變形的小黃瓜，如果就這樣拿出去，是沒有辦法當成商品販賣的。

但是小黃瓜的「本質」就是「食物」。

因此，不管外表如何，對於只要求食物好吃的人來說，當作商品販賣，一點問題都沒有。

再看看變形小黃瓜「彎曲」的外形，說不定正好適合拿來當作圓缸專用的醃漬小黃瓜。

這麼一來，就可以創造出「醃漬專用『變形小黃瓜』」這項商品。只要把握住「本質」，「變形」這個特徵不一定會成為缺陷。

找出「缺陷」能活躍之處

不只是商品，有些人則是藉由公開「問題」，將劣勢轉變成優勢。

「曾是飆車族老大的補習班講師」、「曾是黑幫老大的牧師」，他們公開這些別人可能會隱瞞的過去，反而成為自己的優勢。

「因為曾是不良少年，所以了解社會邊緣人的心情。」

「就是因為曾誤入歧途，才能給予更好的建議。」

將原本可能遭到排斥的過去，用正面的方式去解讀，反而獲得成功。

有一位在眾多女性雜誌中十分活躍的模特兒，在小學時曾經因為個子太高而遭到霸凌。

她說，當時她曾經非常煩惱「自己為什麼長得那麼高」。

某天，她忽然看到一本時裝雜誌。

雜誌封面全都是苗條高䠷的女性。

於是，她便去應徵讀者

模特兒，沒想到竟然錄取了。

只是偶然看到時裝雜誌，「靈感力」幫她找到了高個子可以發揮的舞台。

高個子絕對不是「缺陷」。

只是那位模特兒對自己的身高差生了自卑感，因此這也可以算是將劣勢轉成優勢的例子吧！

想隱藏過去或抱著自卑感的人，只要能找到可以發揮的地方，就一定有活躍的機會。

還有半杯？只剩半杯？

這個將「劣勢變成優勢」的做法，其實就是「正面思考」。

每件事情的看法有正面，也有負面，重點在於我們自己怎麼看。

就像我們的面前，有一個杯子只裝了半杯水。

你可能會嘆息「只剩半杯水」，也可能會高興「還有半杯水」。

雖然不管怎麼樣，「杯子裡有半杯水」這個事實並不會改變，但是思考角度是正面或負面，卻會大大左右我們所看到的風景。

有人在失業時，會抱著腦袋煩惱「明天該怎麼辦……」；有人則高興「別人白天要工作，我卻可以自由支配時間。那就來創作自己的東西吧！」

就像大家都知道的，暢銷全球的《哈利波特》（*Herry Potter*）系列，就是J．K．羅琳（J.K. Rowling）在失業時所完成的小說。

另外，江戶川亂步及小林信彥這兩位推理大師，據說也是在失業時寫出佳作，才因而嶄露頭角的。

我們經常只看到不好的地方，但如果能從不同角度去看待負面之處，或許會發現新的一面也說不定。

【案例1】小森一三的逆向思考

沒有客人就自己創造

大家知道阪急電鐵的創辦人小林一三嗎？

除了阪急電鐵的前身日本箕面有馬鐵路，他也是成功創辦阪急百貨及寶塚歌舞團的人。

其實，在箕面有馬鐵路開工時，因為沿線人口太少，怎麼看也不像會是有收益的環境。

一般都會認為「鐵路應該鋪設在人多之處」，但人口密集的地方，徵收土地的費用相對地非常龐大。

小林一三則有完全不同的想法。

「沒有乘客的話，自己創造出乘客不就好了，就決定在沿線設置聚集人潮的場所吧！」

「寶塚新溫泉遊樂園」就此應運而生。

那是發生在一九一一年的事。

這個溫泉雖然以日本第一個溫水游泳池而引起話題，但因為男女混浴，在社會觀感上不是很好，而導致來客數逐漸減少。

但小林還是沒有放棄。

他想出了一個主意：「在溫泉中設置小劇場吧！」

小林由當時流行的美少年組合得到靈感，想出了由少女組團來表演歌舞的想法。

那就是現代寶塚歌舞團的前身。

將荒地化為充滿魅力的住宅區

小林更打算在鐵路沿線建設住宅區，以增加人潮。只要有住宅區，利用鐵路通勤或上學的人口就會增加。

但是，當時的沿線是什麼都沒有的鄉下地方。說「鄉下地方」還算好聽，其實就是「荒郊野外」，連可以拿來宣傳的賣點都沒有。

幸好當時大阪正朝著工業都市急速發展，市中心雖然方便，但工廠的煤煙卻造成嚴重的污染問題。

小林便開始在阪急沿線宣傳「遠離都心的寧靜地區」、「環境優良的住處」，並賣起了獨棟住宅。

這個戰略獲得大大的成功，他的房子一口氣全部完售。

便宜快速乘客少

那麼，重要的鐵路載客量又如何呢？

在大阪和神戶之間，同時搭設了複數的路線。
阪急電鐵的競爭對手，就是已經開始營運的阪神電鐵。
阪神電鐵的電車幾乎都呈現客滿的狀況。
普通的經營者看到競爭對手的路線天天客滿，大概會沮喪不已吧！
但小林卻反而將乘客稀少這件事，當作宣傳的標語。
「便宜快速乘客少，視野開闊又涼爽的阪急電車」！
「乘客稀少」反而成了他反敗為勝的戰略。

這裡是重點！

「什麼都沒有」的劣勢被轉化為優勢。
沒有乘客變成「不擁擠」的正面意義。

【案例2】夕張市「負面遺產」學習之旅

被負債壓垮的夕張市

二〇〇七年三月六日，北海道夕張市向日本政府聲請「財政重建」（等於宣告破產）。地方自治體宣布破產幾乎是前所未有的特例，因此這個新聞當時震驚了日本全國。

因豐富煤礦而繁榮的夕張市，也因能源由煤炭轉移到石油，煤炭需求減少，而逐漸失去了城市的活力。

之後，夕張市努力發展觀光資源，想要挽回頹勢；但是成果不如期待，只留下龐大的債務。

像夕張市這樣背負巨額負債的地方自治體，在日本全國不算少數。各個財政困難的鄉鎮市，對夕張市的破產新聞幾乎是感同身受。宣布破產之後，夕張市政府接到來自其他都府縣的求助諮詢。

但夕張市政府此時自顧不暇，必須盡早開始重建的道路，根本沒有餘裕去一一說明破產的過程。

夕張 Resort 的決定

後來，因為有太多人希望參觀「導致破產的觀光設施」，連當地的旅行公司「夕張 Resort」都接到了這樣的要求。

他們一開始，只是將它當作個別的案子來處理。

直到二〇〇七年五月，前東京都副都事豬瀨直樹來視察，由夕張Resort的社長西田吏利親自接待。就在那時，西田社長忽然有了一個想法。

——或許可以舉辦「了解夕張破產」這樣的行程。

之後，他在當時仍在營運的市內觀光巴士「GURUTO 夕張」，提出了一個旅遊企劃，行程中包括了說明夕張市破產的整個過程及參觀各個設施，名稱是「夕張紀實之旅～YUBARI 的昨日、今日、明日～」。

但是，當時公司內部意見有各種分歧。

有員工認為把破產這件事拿來宣傳，等於是自取其辱，因此持反對態度。

但西田社長以「夕張可以作為負面教材，讓大家了解破產的經過，對夕張本身的重建也有幫助」的意見，說服了公司內部人員。

結果，這個旅遊行程大受歡迎，舉辦的第一年就有超過兩千人參加。

因為加上了「學習」這個要素，除了不時會有國高中的畢業旅行或研修旅行申請，連韓國都會定期派視察團來參訪。

的確，破產本身是很不名譽的事，也會給人負面的印象。

但是，事情已經發生，也無法改變了。

而這樣將失敗轉化為「負面教材」的正面思考，反倒為他們帶來了成功。

這裡是重點！

將觀感不好的破產，轉化為積極的「負面教材之旅」。

SUMMARY

在【案例 1】中，小林一三之所以會成功，是因為他絕對不會消極面對不利點。

因此，他可以將「荒郊野外」、「沒有乘客」這樣的劣勢，成功轉化為優勢。

對鐵路公司來說，「沒有乘客」是極大的不利點，但小林一三卻可以積極地將之解釋為「不擁擠」。這可以說是他的個性，也可以算是天分。

另外，在銷售房子時，周邊是什麼都沒有的鄉下土地，也屬於劣勢。

但小林將這個缺點，轉化成「環境優良」的正面宣傳，因而創造出了新的價值。

而【案例 2】中的夕張 Resort，則是將市政府破產這個負面事件，直接攤在陽光下。將破產這個「問題」，轉變成了鮮活的「教材」。

當我們開始進行一件事，如果制約或不利條件等「負面要素」太多，通常很容易就選擇放棄。

但是，只要改變一下看法，說不定就會像這裡所介紹的例子一樣，出現不同的結果也說不定。

要怎麼樣才能運用缺點？

我們平常就要時時提醒自己要注意。

這麼一來，一旦時候到來，我們就能順利將劣勢轉為優勢。

COLUMN 8

水平思考力的練習

超級正面思考

在這裡，我們要訓練自己將日常生活中所聽到的負面話語，全部轉換成正面的語言。

- **廉價→親民化**
- **破舊→充滿歷史**
- **不懂變通→絕不動搖**

你是否沒辦法將自己、周圍的人或所屬組織的缺點，都轉成正面的話語呢？說不定，原本你以為是缺點而放棄的地方，可以變成你展現自己的優點。

第9章

鍛鍊你的水平思考力！

終於來到最後一章了。

在這一章節當中，要讓各位試著挑戰一些課題。

請各位運用水平思考力來解答！

當然，就像第1章說過的，水平思考並沒有唯一的「正確答案」。後面所附的解答，只是筆者個人所想出的「解答範例」，並不是一定要照那樣的思考才是對的。

我想，一定還有更多的解答，比我所提供的答案要更為獨特、適合。

重要的是，儘可能找出越多的解決方案越好。

擺脫掉常識及偏見，讓思考朝著「水平」方向飛躍吧！

當你脫離平常的思考習慣時，就一定可以發現劃時代的解決對策。

Q1 什麼都沒有的孤島飯店

在山裡的一個偏僻村落，那裡有一家飯店。

這家飯店，在以前，有很多人會從城市來到這裡享受「鄉村」的氣氛，但最近預約人數卻大幅減少。

那並不意外。

因為連接飯店所在的村落，以及最近城鎮的公車停駛了，使得當地的交通變得極端困難。

再加上飯店附近連一間超商或超市都沒有，簡直不便到了極點。如果有溫泉或觀光名勝，至少還有宣傳點，但他們什麼「亮點」都沒有。

好了，如果是你，你會怎麼做呢？

HOTEL

Q2 某位咖啡店老闆的煩惱

這家咖啡店的老闆，正在為一件事煩惱。

他店裡的桌椅等家具，受損得十分嚴重。

有的嚴重傾斜，有的表面髒污不堪，讓人看不下去。

客人都到車站前那間時髦的咖啡店去了，店裡的收入銳減，就算他想把家具全部換掉，資金也不夠。

你有沒有什麼辦法，可以不花半毛錢，就幫他把所有的家具都換新呢？

Q3 從國外接連而來的洽詢郵件

有一個手錶代理商。

他的事業主要是將日本製的精品手錶外銷到海外，但他一直有個煩惱。日本製的手錶在海外十分受到歡迎，他的業績也有顯著的成長。同時，國外來的洽詢郵件也開始激增。

如果是簡單的問題，他還可以用拙劣的英語應付過去；但是如果涉及到專業，他就無法處理了。

雖然他勉強聽懂對方的問題，但是卻沒辦法用英文確實地回答。

他也曾經雇用一個懂英語的人，但對方缺乏手錶方面的專業知識，最後還是回答不了。

有沒有什麼方法，可以幫助他順利回覆海外手錶玩家的專業問題呢？

Q4 推銷新調味料的策略

某家公司推出了一種新式調味料。

這種調味料，可以讓每個人都輕鬆做出好吃的料理。做為開發者，他們認為這項商品絕對會大賣。

然而，沒想到出乎他們的預料，這款新式調味料銷售得並不好。

如果是你，會用什麼方式提升業績呢？

【解答例】

A1 當作上癮症患者的復健設施

「周遭什麼都沒有」、「沒有辦法購物」，經常會被認為是缺點。

但是，有時候並不一定是如此。

「什麼都沒有」的地方，其實也可以同時視為是個無法取得某些東西的環境。

在這個世界上，有許多人必須強烈依賴某種特定的東西，才能存活得下來。上癮的對象，從藥物、香菸或酒精等等對身體有極大損害的危險物，到網路、電玩或賭博等會對日常生活造成影響的東西，可以說是各式各樣。

要克服上癮的症狀，就必須待在無法取得（無法利用）這些物品的環境裡，但現實卻沒那麼簡單。不過可以肯定的是，這些為上癮症所苦的人，都有強烈的危機意識，知道自己「再這樣下去不行」。

因此，這家飯店就成了適合以這些上癮患者為對象所設置的設施。因為周邊連一家商店都沒有，所以想喝酒或抽菸也沒地方買；賭博也是，連柏青哥店都沒有，更別提賽馬場、賭場什麼的了。

飯店裡當然也沒有電玩，如果有人帶進來，當場就會在住房登記時被沒收（退房時再歸還）。

當然，如果是藥物上癮，就需要有專業的醫療團隊，可能在執行上會有些困難。

但是，在這裡，重要的並不是有多少實現的可能性，而是能否從「什麼都沒有」這件事中，找到新的價值，進而將缺點轉為優點。

A2 改裝成樣品咖啡店

首先，完全改變咖啡店原本的經營方式。

改成「什麼都賣的咖啡店」（除了店員）。

從桌椅、使用的杯盤、牆上掛的畫，甚至店員身上穿的制服，全都可以在店裡訂購。

當然，買到的不是正在使用的「現品」，而是新品。

平常我們在買東西時，很難去確認用起來的感覺。在雜貨屋買咖啡杯時，不能實際拿來喝咖啡；去家具店，也不能直接坐上去用餐或寫東西，確認用起來感覺好不好。

但是，如果整間咖啡店都變成了展示的樣品屋，就可以找各種廠商合作。從照明到免治馬桶，客人可以實際試用店內所有的商品，如果喜歡就可以直接訂購。

如果廠商推出新產品，咖啡店也會配合更換店內家具。因此顧客每次光臨，都會感受到新鮮感。

而換下來的用品，也能以「展示品」低價賣給客人。

實際上，真的有飯店接受住客訂購客房內的睡衣及枕頭。因此，開一間販賣咖啡杯或座椅的咖啡店也未嘗不可。

其實，這個想法是我自己從前開咖啡店時所想出的主意。但因為太過於天馬行空，最後沒有實現……

A3 委託國外的客戶幫忙回信

那是我朋友真實遇到的問題。

一般會認為：「那就找一個具備手錶專業知識，又會說英語的人就好了」。但這基本上是邏輯思考式的解決方法。

我的朋友卻找了自己的「客戶」幫忙。

和他有生意往來的客戶中，有好幾個「手錶專業玩家」。

既然是專業玩家，自然能回答只有專家才懂的問題，還能秀一下自己的專業知識，因此對方欣然接受了。

一般來說，我們都認為買賣雙方應該要公私分明。但術業有專攻，「專業的事就交給專家」才是靈活的解決方案。

A4 和食譜一起送給女校畢業生

這也是真實的故事。

在一九〇八年，東京帝國大學（現東京大學）教授池田菊苗博士有了「某個」新發現。

她發現讓食物「變好吃」的源頭，是一種叫麩醯胺（Glutamine）的成分。池田博士確信，麩醯胺會變成劃時代的調味料，於是在企業家鈴木三郎的協助下，創造出了「味之素」這項商品。

為了製造「口耳相傳」的效果，他們將新產品免費送給醫生、藝人及記者試用，同時展開了各種宣傳活動，但並沒有達到預期的效果。

據說，後來他們將小瓶的「味之素」與食譜配成套，當成「畢業禮物」送到高等女校的畢業典禮。

當時的女學生基本上就是「主婦」預備軍，這個行動可說是奠定了「味之素」後來成為日本家庭傳統味道的基礎。

其實，「味之素」還有一個知名的都市傳說。

某位女性員工為了提高「味之素」的銷量，提出了一個「獨特的建議」。

那就是將撒粉的「洞」挖大。

據說，「味之素」的銷售，因此有了飛躍性的成長。

如果是真的，這就是完全屬於水平思考的解決方式，不過實際上好像沒這件事（「味之素」製造公司也在官網上否認了這個傳言）。

他們表示，銷售成長完全來自於員工勤奮的努力。

後記

看完本書後，大家是不是對「水平思考法」有了更進一步的理解呢？這個自由又柔軟的思考法，經常會創造出各種讓「正直認真的人們」，覺得「好奸詐」且既妒且羨的解決方法。它獨特、聰明及嶄新的特性，已經由書中各種案例展現出來。我想藉由這本書，讓各位能實際感受到「原來還有這種解決方法」的驚喜。在本書的尾聲，我想跟大家稍微聊聊我的工作。

我的工作主旨是在於「如何在商業中活用資訊科技」。在資訊科技方面，我從系統的企劃開發，到業務、訓練都有所涉獵。而在這當中，我對軟體的開發感受特別強烈。因為，「電腦是無法取代大腦」。

在本書的第1章，我曾比較過邏輯思考與水平思考的不同。而電腦，就是邏輯思考的專家。當一個問題發生，如果採用邏輯思考的解決方式，那麼，那個工作幾乎（或說全部）都可以由電腦代勞。而且還是以驚人的速度……

在那裡，沒有我們人類登場的空間。電腦只會忠心地執行被賦予的任務。它是一個指令，一個動作。對於「沒有指示就無法工作」的人來說，在往後的時代只會被電腦給取代。為了不讓自己失去存在意義，我們該怎麼辦呢？只能努力鍛鍊只有我們人類才有的創造力。利用書中所介紹的那種奇特跳躍、顛覆常識的想法，來解決所面臨的各種問題。那種只會讓周遭人笑道「居然能想到那種方法……」的特殊能力，電腦絕對辦不到。

如果大家能在本書當中找到啟發思考的線索，對我來說就是最大的榮幸了。

另外，本書中所介紹的各種案例都經過仔細的查證，但有些故事本來就有多種的說法，或因時間久遠有確認事實的困難，如果出現些許的落差，在這裡先向各位表達歉意。

不過，本書的重點並不是在查明事實的真相，而是希望大家能夠更了解自由創造及思考的樂趣。因此，就請大家將各個事例當作解決問題的範例之一吧！

最後，在這裡要感謝夕張 Resort 的西田吏利社長，以及我在執筆期間提供各種貴重資訊的朋友們。

還有，在漫長執筆中給予了我極大協助的ＡＳＡ出版社編輯木田秀和先生。在此致上我衷心的感謝！

作者

國家圖書館出版品預行編目資料

這樣思考, 才能賺到錢 / 木村尚義作 ; 楊詠婷譯.
-- 初版. -- 新北市 : 智富, 2012.07
面 ;　公分. --（風向 ; 50）

ISBN 978-986-6151-28-6（平裝）

1. 水平思考

176.4　　　　101008631

風向 50

這樣思考，才能賺到錢

作　　者／木村尚義
譯　　者／楊詠婷
主　　編／簡玉芬
責任編輯／謝翠鈺
插　　畫／ Higasi Masayuki
封面設計／比比司設計工作室
出 版 者／智富出版有限公司
發 行 人／簡玉珊
地　　址／（231）新北市新店區民生路 19 號 5 樓
電　　話／（02）2218-3277
傳　　真／（02）2218-3239（訂書專線）、（02）2218-7539
劃撥帳號／ 19816716
戶　　名／智富出版有限公司　單次郵購總金額未滿 500 元（含），請加 50 元掛號費
酷 書 網／ www.coolbooks.com.tw
排版製版／辰皓國際出版製作有限公司
印　　刷／世和印製企業有限公司
初版一刷／ 2012 年 7 月

I S B N ／ 978-986-6151-28-6
定　　價／ 260 元

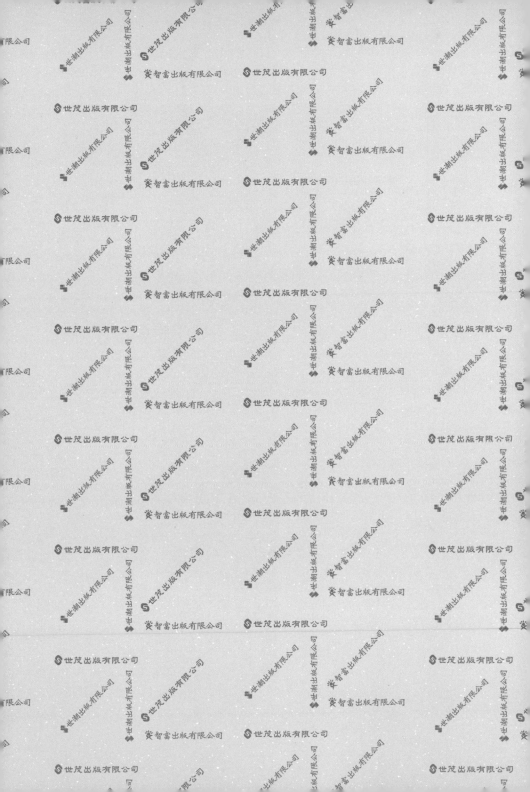